新昌茶人

陈 霞 王士钢 / 主编

中国农业科学技术出版社

图书在版编目（CIP）数据

新昌茶人 / 陈霞，王士钢主编. -- 北京：中国农业科学技术出版社，2024.9. -- ISBN 978-7-5116-7058-8

Ⅰ. K826.3

中国国家版本馆CIP数据核字第2024NQ8176号

责任编辑　闫庆健
责任校对　王　彦
责任印制　姜义伟　王思文

出 版 者	中国农业科学技术出版社
	北京市中关村南大街12号　邮编：100081
电　　话	（010）82106632（编辑室）（010）82106624（发行部）
	（010）82109709（读者服务部）
网　　址	https://castp.cn
经 销 者	各地新华书店
印 刷 者	北京地大彩印有限公司
开　　本	170 mm×240 mm　1/16
印　　张	16
字　　数	287千字
版　　次	2024年9月第1版　2024年9月第1次印刷
定　　价	128.00元

版权所有·侵权必究

《新昌茶人》编委会

顾　问　俞镕翔　袁振华　董立锋　吴青松
　　　　　俞浩芳　张　铮
主　编　陈　霞　王士钢
副主编　袁海艳　周竹定　胡　双　白家赫
　　　　　黄　琳　卢　炜
编　委　陈　霞　王士钢　章　俊　卢　路
　　　　　孙利育　周竹定　袁海艳　白家赫
　　　　　胡　双　张　帆　俞佳颖　赵丽红
　　　　　黄　琳　卢　炜

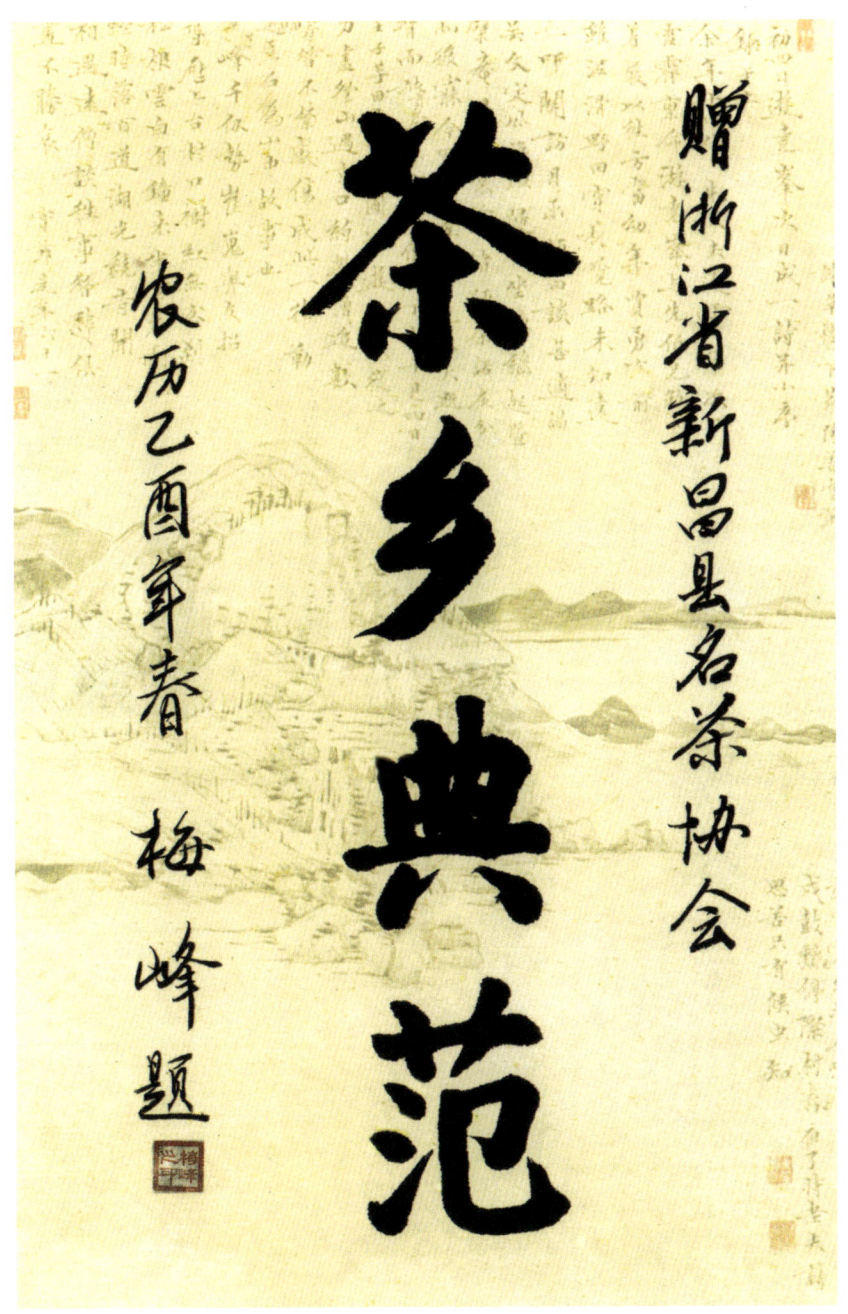

中国茶叶流通协会原会长梅峰题词

陈霞简介

新昌县政协协商智库成员、新昌县名茶协会常务副会长兼秘书长。曾任新昌县商业局局长、粮食局局长、农业局局长、新昌县政协农业农村委员会主任；2008年1月到浙江诚茂集团公司担任企业指导员，兼任中国茶市总经理；2019年6月起担任新昌县名茶协会常务副会长兼秘书长。见证了新昌茶产业从崛起到辉煌的发展过程，也亲身经历了新昌茶产业从产品到品牌的变迁历程。

序

合座半瓯轻泛绿,开缄数片浅含黄。值此 2024 年度初夏之际,欣闻《新昌茶人》一书即将付梓。在此,谨代表中国茶叶流通协会及我本人表示祝贺!

十余年来,新昌茶产业发展成为了中国茶界最为靓丽的风景之一。在国家及地方各级政府的高度重视及关怀下,在广大茶企、茶农、茶行业组织的不懈努力下,新昌县坚持"政府为主导、市场为龙头、品牌为主线"的发展之路,持续将茶产业打造成为本地的富民支柱产业。至 2023 年末,新昌县已建成茶园 15.3 万亩,茶叶总产值 13.86 亿元,全产业链产值近百亿元,新昌县"中国茶市"年交易总量、总额分别达到 1.67 万吨和 66.54 亿元,再创新高。在"大佛龙井"茶产业平稳向上发展的同时,新昌县推出"天姥红茶""天姥云雾"两大公用品牌,形成"一体两翼"的飞鸟型品牌发展新格局,为县域多茶类发展提供了"新昌智慧"。作为浙江省乃至全国茶产业发展的示范标杆,新昌县近年来先后荣获"中国茶业十大转型升级示范县""茶业品牌建设十强县""'三茶统筹'先行县域""茶业乡村振兴发展县域"等众多国家级荣誉称号。

中国茶区广阔,名茶荟萃。作为一个"八山半水分半田"的山区县,新昌县是如何推进茶产业实现持续健康发展的呢?回顾其产业发展历程,我们不难看到,既有优异的自然环境、悠久的文化底蕴等自然因素,也有宏观经济环境向上、产业政策支撑等社会因素，一大批"传承茶文化、推动茶科技、促进茶产业"的新昌茶人更是形成了产业发展的根本。本书作为记录新昌茶人茶事的专辑，囿于篇幅，仅能从18万新昌茶业从业者中精选出27位对产业发展作出重要贡献的茶人。他们或是锲而不舍、求实创新的科技工作者，或是活跃在茶叶生产一线的匠心制茶者，或是奔走于产区与销区间的产业推动者，或是将传统与创新相融合的行业开拓者，或是弘扬茶文化传授艺技的茶道传播者。尽管他们的年龄不同、阅历不同、职业不同、成就不同，但是他们不忘初心、矢志产业、默默耕耘、无私奉献的茶人精神与人格魅力却同样感动并带动着周边的人。阅读这本书，我们看到的不只是一些人、一些事，更看到了一个伟大的时代和一段奋进的历史，感受到了催人奋进、不渝初心的茶人精神。

　　茶产业的创新发展以人为本，茶文化的传承赓续以人为本。随着中国经济的持续增长、综合国力的不断增强，人民生活水平的日益提升，中国茶产业、茶文化已经进入了全新的高质量发展时代。面对新时期、新阶段、新使命、新征程，衷心希望全体中华茶人能够继续发扬茶人精神，团结一致、奋发有为、精行俭德、乐于奉献，切实担负起时代赋予的中国茶业复兴重任，为中国茶产业、茶文化的繁荣和昌盛作出应有的贡献！

　　是为序。

中国茶叶流通协会会长
全国茶叶标准化技术委员会主任委员
中国食品法典委员会专家委员

2024年5月，于北京

目 录

茶人的情怀
　　——新昌茶产业发展历程中的人物纪实　/ 1

新昌茶界的泰斗
　　——缅怀凌光汉老先生　/ 17

一片叶　一生情
　　——记新昌县茶叶站研究员孙利育　/ 23

一位与茶共舞的新昌茶人
　　——记澄潭茶厂创始人张铮　/ 31

一位不服输的新昌茶人
　　——记绍兴市人大代表张雪江　/ 42

拳拳之心　谱写茶人生
　　——记新昌茶人石碧鹏　/ 51

新昌茶界的一匹黑马
　　——记新昌群星茶业董事长周玉翔　/ 59

大佛龙井"西山碧芽"的金牌史
　　——记新昌两代茶人石梦千、石志辉　/ 69

以茶为媒　夫唱妇随
　　——记新昌茶人丁国统夫妇 / 79

从"烟山"走到北京的老茶人
　　——记新昌茶人赵中槐 / 86

从草原上走出来的茶叶电商
　　——记浙江清承堂茶业董事长池大伟 / 94

情系百姓　用心谱写茶人生
　　——记新昌乌泥岗茶场场长吴海江 / 102

让大佛龙井香飘津鲁大地
　　——记山东潍坊天津大佛龙井专卖店经理杨富生 / 109

三十二年茶人生
　　——记新昌九九茶厂厂长杨杏生 / 116

以茶致富的领路人
　　——记全国劳动模范、新昌县镜岭镇外婆坑村党支部书记林金仁 / 124

茶让他的人生充满了活力
　　——记新昌茶人周焕忠的创业史 / 132

从餐饮人到茶人，苦乐悠然中
　　——记新昌茶人吴红云 / 139

茶的情怀，筑梦他的第二故乡
　　——记新昌茶人黄诚 / 147

安山碧玉茶的故事
　　——记新昌茶人丁法良　/156

诚信赢客户，一技稳生意
　　——记新昌中国茶市茶商党支部书记求永耀　/168

现代茶人"笑书神"的创业经历
　　——记新昌新型茶人何利江　/175

亲亲子叶的创业人生
　　——记新昌"茶二代"梁如洁　/184

均一茶机的"王国梦"
　　——记新昌县均一机械有限公司董事长袁均富　/193

恒峰茶机的传承人
　　——记浙江恒峰科技开发有限公司总经理求利东　/203

退伍不褪色，用一片叶子富裕八方百姓
　　——记新昌"茶二代"盛文斌　/210

留白　让她的人生精彩
　　——记国家一级茶艺师蔡瑜　/216

"茶"与"艺"的融合　让茶叶艺术升华
　　——记梅苑工作室的两位茶艺师　/223

活跃在校园的茶文化传播者
　　——记新昌县鼓山小学校长杨晓玲　/233

后　记　/243

茶人的情怀

——新昌茶产业发展历程中的人物纪实

茶,是有品格的。不管生长的土地贫瘠或肥沃,经受的气候优越或恶劣,他们总能扎根生长,向上向下,终究长成一片绿,散出一抹香,凝成一缕韵。茶,亦是有坚持的。若为天朝上国的贡品,便在高贵中不忘澄明;若为贩夫走卒的饮品,便于质朴中求得本真。境遇怎样变,不变的总是纯然初心。茶的品格,茶的坚持,润泽了爱茶人清雅的心灵,也造就了茶人的情怀。

我和茶的缘分,是从1998年3月我调任新昌县农业局长时开始的。虽然我在农村经历过知青生活和担任过乡镇干部,但对农业生产技术全然就是一个门外汉。为了尽快适应工作岗位,我经常和农业技术专家下基层了解种植业、养殖业、农村经济、农机具等情况,也经常同茶叶专家一起跑茶园、爬茶山,了解茶的品种、栽培、加工、分类、品鉴和冲泡等许多关于茶的知识,让我慢慢地喜欢上了茶。2005年1月,我调到新昌县政协担任农业农村工作专委主任,兼任新昌县茶文化研究会副会长兼秘书长职务,也没有和茶断缘。2008年1月,因工作需要,我被委派到新昌县"中国茶市"负责日常管理工作,直接与茶农和茶商打上了交道,一干就是整整11个年头。2019年6月到新昌县名茶协会担任了常务副会长兼秘书长,经常和茶专家、茶企业家接触,学到了更多的茶知识。

整整27年,我学茶、识茶、惜茶,与茶结缘。体验了茶专业人员对茶科技孜孜追求的执着,目睹了茶农起早摸黑采茶、炒茶、卖茶的艰辛和数着卖茶得来钱后的喜悦,看到了茶商起早收茶、筛茶的艰苦和每天忙碌打包寄运到销区客户的兴奋,更是亲身感受到了茶产业的发展给茶农带来了真正的收益。这段经历,丰富了我的茶人生,也见证了我们新昌县茶产业的发展历程。2010年我被评为县级优秀党员,2014年荣获十大"中国茶叶行业年度经济人物"荣誉。

截至 2024 年 6 月，我已满 68 周岁了，很多人都觉得应该歇下来，享受天伦之乐，安度晚年了；也有人不理解，都这个年纪了，还这样忙忙碌碌的，为了啥呀？岂不知，一旦和茶结上缘，那是一种如痴如醉的情结，那是一种割舍不掉的情怀。如果说"致青春"是当下比较时尚的词汇的话，那么"致一物"就是我最深情的表白。因为在与茶结缘的岁月里，茶的清香，让我淡泊明志；茶的雅韵，让我品尽人生如茶沉浮的百般滋味。如果能够明白：人生从来都没有过不去的坎，如果真有，那就绕过去，或许不会再如此焦虑。细想过去，那些曾以为天大的事情，到如今看来不过是小事一桩，云淡风轻，只是当时年少气盛，涉世未深。人生如茶，沉时坦然，浮时淡然，拿得起也需要放得下；生活如茶，短暂的沸腾过后，便是细水长流，即使再轰轰烈烈，也抵不过最后的沉寂。

在此，我叙述与茶的情怀，更是要叙述在我与茶结缘过程中，那些对新昌茶产业发展作出贡献的人和事。

我们知道，在中国，产茶的地方很多，因茶出名的地方却很少，也很难，像"西湖龙井""洞庭碧螺春""安溪铁观音"等许多名茶都用了几百年。而新昌——一个名不见经传的山区县，在改革开放的历程中，仅用三十多年的时间，硬是把"大佛龙井"做出了名，获得国际金奖三十几个。目前，新昌茶园 15.3 万亩，产业链总产值近百亿元，成为我国茶界的"黑马"，以至被全国茶界人士和专家、学者将这种现象称为"新昌模式"。

"新昌模式"的成功之秘是五个"领先一步"。即：领先一步"圆改扁"产业转型；领先一步创建市场解决售卖难；领先一步注册商标创立品牌；领先一步"四两拨千斤"政府主导；领先一步"三产融合"打造茶叶全产业链。

"新昌模式"的成功之路是"五个一"。即：有一支前赴后继的科技队伍，有一支与茶结缘的茶团队，有一批不折不挠的茶业企业家，有一个重视茶产业发展的党委政府，有一群爱茶敬茶的茶文化传播者。

"大佛龙井"入围2023中国地理标志农产品区域公用品牌
声誉百强 陈霞（左八）上台领奖

茶科技 推进新昌县茶产业成功转型

新昌是浙江东部的一个山区县，有"八山半水分半田"之称，总面积不过 1 200 平方千米，是浙江茶叶的主产区之一，是国内出口"珠茶"的生产基地。20 世纪 80 年代中期，茶叶市场开始放开，传统的"珠茶"销路不畅，原来"只管种，不管卖"的茶农陷入了"卖茶难"的困境。新昌县委、县政府及时提出了"圆改扁"的战略性举措，建立示范点，由专业技术人员牵头，有组织有计划安排生产能手，培训茶农掌握炒制龙井茶的技艺。在这些示范点制作出来的茶叶，被国家茶叶监督检测中心评为浙江龙井茶的极品。此后，农业部门的茶叶技术人员全力以赴在全县全面铺开了"圆改扁"的培训，先后举办培训班 500 多期，培训了5万多人,形成了一支有10万多人的"圆改扁"生产、采摘、制作队伍。全县43万总人口中,有18万人从事茶叶及相关产业。当全国茶产业的战略转型刚开始起步时,新昌县已完成了人员培训和茶园改造的关键一步,使茶农、茶园成了为"大佛龙井"崛起而储备的战略性资源,为"大佛龙井"的发展奠定了基础。

新昌茶产业的迅速发展,茶农收入大幅增加,茶区变富了,"大佛龙井"也成为新昌的一张金名片。在此过程中,新昌农业部门的一支茶叶科技队伍对茶叶技术孜孜不倦地探索,确保了新昌县名茶科技始终处于全国茶产业发展的领先水平。

第一批茶技人员包括程兆敏、凌光汉、史庭智、徐林波,四位都是新昌县农业局最早的茶叶科技工作者。凌光汉与程兆敏是新中国第一批培养的茶技人员,20世纪50年代初就来到新昌从事茶技推广工作,他们也是亲自参与茶产业转型的建设者。

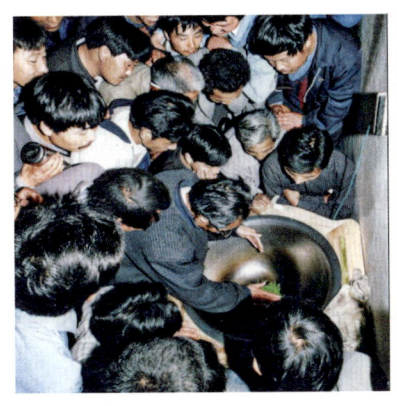

史庭智示范龙井茶炒制技术

程兆敏(右二)

第二批茶技人员,都是1960年后科班毕业的,他们专业性强,工作认真负责,在新昌茶产业转型、提升的关键阶段起到了重要作用。

凌光汉（右一）、徐林波（中）　　　孙利育（右一）

孙利育，原新昌县农业局茶叶站站长，农业技术推广研究员，全国农村优秀人才，浙江省人大代表，2020年被评为全国茶产业发展领域"杰出中华茶人"。自1982年于浙江农业大学（现浙江大学）茶叶系毕业后，已在新昌县茶叶站工作了40年，经历了新昌茶产业崛起的全过程。"一片叶，一生情"是她对新昌茶产业奉献的真实写照。

周竹定，1992年毕业于浙江农业大学（现浙江大学）茶学系，原新昌县茶叶站站长，高级农艺师。他平时话语不多，但做事细致。记得2000年浙江省农业厅经济特产管理局在新昌西山茶叶良种场创办了浙江省茶树良种示范场，示范场面积要从原先不到200亩的茶园扩大到800亩以上。我与周站长一起到西山茶场具体负责山地征用、良种引进的工作，在征用山地与农民沟通的工作中，经历的艰难和辛苦真的是无法用语言描述。整整10个月，他每天早上六点多就起

周竹定（左一）

身前往西山村，挨家挨户了解情况做细致的思想工作，直到征地工作完成；在茶山，他和茶叶站科技人员一起现场指导茶树种植、茶园施肥以及病虫害防治等，每天傍晚下班回到家已是天黑灯亮，为顺利建成浙江省茶树良种示范场付出了辛勤汗水。2015年6月担任茶叶站站长以后，带领茶叶站的技术人员积极争取实施茶叶科技项目12个，发表科技论文23篇，荣获浙江省农业科技成果转化推广奖等成果8项。特别是近两年他把主要精力倾注在"新昌县乡村振兴产业发展示范建设""新昌县茶产业创新服务综合体建设"两个省级项目的实施上，为新昌茶业数字赋能、创新服务发挥了积极的作用！

茶叶站还有一位高级农艺师王士钢，也是一位默默无闻的科技工作者，做事踏实，专业技能水平高，特别是在新昌高端"天姥红茶"的研制和开发过程中，他付出了很多心血。每到红茶生产季节，他的身影就会穿梭在各茶企的炒制车间，亲临一线培训指导。为了研制出新昌"天姥红茶"的高端优质茶，他吃住在新昌海拔700米以上的雪溪茶山，品种试验、青叶采摘、摊青萎凋、揉捻发酵、手工烘烤等各道工艺都是他亲自掌舵。雪溪茶业生产的"雪里红"天姥红茶荣获2019年世界红茶产品质量金奖。

王士钢（左）

新昌茶业科技人员青出于蓝而胜蓝，目前在职人员还有袁海艳、黄琳、胡双、白家赫等，他们文化素质高，年轻有为贡献多。

就是这样一支前赴后继的科技队伍，每年给茶农开展几十期的技术培训，促进茶农的种茶、制茶、售茶技能不断提升。全县受过正规培训的茶农累计4万多人次，其中获得《制茶工国家职业资格证书》的2 000多名，已形成了一支既会种茶、制茶又具有一定茶技知识的10万茶农大军。为新昌茶业的进一步发展，奠定了良好的基础。

茶团队　推动茶产业持续发展

新昌茶产业发展，除了上面提到的茶科技队伍，更值得一提的是新昌拥有一个对茶叶情怀浓厚的大团队，默默无闻为新昌茶产业发展作出贡献。

首先要提的是多年为新昌茶产业默默奉献的新昌县政协原副主席袁振华，他从2008年开始担任新昌县名茶协会会长和新昌县茶文化研究会会长。18年来，他身体力行，敢于担当，主动与省内外的专家部门对接，不辞辛苦，奔走联络。哪家茶企有困难有问题需要他出面解决，他不厌其烦，积极协调；凡是茶商有实际难题需要他帮忙，他不推不拖，热心帮助。尤其是2007年下半年浙东名茶市场搬迁到新昌县"中国茶市"期间，他勇担重任，针对搬迁中的难点问题，积极谋划做好政策落实工作，当有些茶商对搬迁存在顾虑时，他耐心细致做好茶商的思想工作。

在他担任新昌县名茶协会会长期间，配合做好浙江省两届十大名茶的评比活动，都获得圆满成功；主持"大佛"驰名商标的申报工作，于2011年5月被国家工商行政管理总局认定为驰名商标，这是浙江省龙井茶类唯一获得该局认定的中国驰名商标；参与编纂《新昌茶经》，主持编辑《大佛龙井画

册》，支持《天姥茶话》上、下集的发行工作；举办"中国科学饮茶、七彩人生茶文化进社区"活动；组织开展茶文化进校区活动，到南岩小学、南明小学举办"茶文化诗歌朗诵会""茶知识普及"等活动；会同新昌县社保局、农业局、职业技术学校等单位开展茶艺培训。2017年10月袁振华当选为中国茶叶流通协会理事；新昌县名茶协会多次被浙江省茶叶产业协会评为行业工作先进单位。在省内外茶界一提到新昌，就会有人说："向你们袁主席问好！"新昌茶界的老少茶人凡说起袁主席为人，都会翘起大拇指赞叹不已，称他是新昌茶团队的"大队长"！

在新昌茶界，有这么一位茶人给人们留下深刻的印象，但从不出现在领奖台上，也从来没有他的事迹报道。他就是一直默默耕耘在新昌茶产业事业中的幕后奉献者——吕文君。

吕文君，新昌县农业农村局农技推广中心研究员，1983年毕业于浙江农业大学（现浙江大学）园艺系蔬菜专业，在新昌县农业局经济特产站工作，曾任特产站、蔬菜站站长。1999年因工作需要，他兼任了新昌县农业招商展览办公室副主任，专门负责农产品的展示展销。茶叶是新昌县的主导产业，每年都会参加全国各大城市的茶博会、茶展会。在他任职23年中，全国各类茶博会都有吕文君忙碌的身影，会前茶产品的组织展示，会中安排各种大佛龙井品牌的推广活动，他都是亲力亲为，忙前忙后，把每次展示展销会和每场品牌推广活动办得有声有色。众人调侃他说：你这是不务正业哦！因为吕文君在大学里学的不是茶学专业，也不是市场营销专业，但他为提升"大佛龙井"的品牌影响力作出了不可磨灭的贡献！如在"大佛龙井"的事件营销活动中他也是主要策划者。2005年4月，中国台湾国民党主席访大陆，中华人民共和国成立60年来国共两党最高领导人首次握手，要到北京老舍茶馆以茶会友，我县紧紧抓住了这次轰动国内外的媒体报道机会，吕文君是这次活动的先行者，他提前到北京谋划每个细节，要让连战一进老舍茶馆品尝的第一杯茶就是大佛龙井，要让连战喝到大佛龙井能留下深刻的印象。从茶叶的品质到泡茶的杯子以及泡茶的水质水温等每个细节他都一一把关。这次成功的事件营销，让大佛龙井的品牌影响力大幅度提升。2006年，瑞典国王乘商船哥德堡号首访中国，抵达广州，大佛龙井成为广州《哥德堡号百年享宴》的指定用茶。此外还有杭州西湖博览会、老舍茶馆的大佛龙井献劳模、邀请京城老字号茶庄老板聚新昌等事件营销活动，每场都有吕文君的心血和辛勤付出。

新昌县于1996年举办了第一届大佛龙井茶文化节，2009年后每年一届，到今年已连续举办19届了，前15届吕文君都是主要策划者。每一年的茶文化节要有新的创意，每一场的活动要对茶产业有助推作用，从文化节的主题活动到邀请全国茶界领导、专家、重点茶企等，吕文君都是精心策划。每年茶文化节的前一个月，吕文君废寝忘食，在办公室通宵达旦，为每一届的茶文化节成功举办作出了积极的贡献，多次被评为中国茶叶流通协会先进个人。

茶人的情怀——新昌茶产业发展历程中的人物纪实

在新昌的茶团队中，有很多值得称赞的人。除了有茶科技工作者、名茶协会的副会长，茶企单位以外，还有历届农业局分管茶叶的副局长陈玉祥、许仲明、章俊、卢路等，还有原县名茶协会秘书长赵玉汀，以及一直在为弘扬茶文化不懈努力的《新昌茶经》主编徐跃龙、浙江广播电视大学新昌学院院长吕美萍、新昌县南明小学校长杨晓玲、新昌县文化馆副馆长潘玉等，因篇幅所限不能一一记述。

茶团队参加青岛 2021 年浙江绿茶博览会

茶企业　带动茶产业良性发展

新昌产茶遍布全县 12 个镇乡（街道），2023 年茶园面积达到 15.3 万亩，茶产量 5 850 吨，茶产值约 13.86 亿元，茶叶全产业链产值约 98 亿元。全县拥有茶叶企业 160 多家，经营户 613 家，大多以生产经营龙井茶为主。有省级龙头茶企 2 家，市级龙头茶企 5 家。本书中提及的一个不服输的新昌茶人（千屿茶业张雪江）、拳拳之心，谱写茶人生（雪溪茶业石碧鹏）、新昌茶界的一匹黑马（群星茶业周玉翔）等 27 篇专题人物通讯，都是新昌茶界的佼佼者。

新昌茶人

是他们走在前列,领头创建了大佛龙井品牌;是他们坚持品质,为大佛龙井品牌金名片夯实了基础;是他们规范标准,有力地带动了新昌茶产业的良性发展。

茶县长 助力茶产业持续发展

新昌县从"产茶大县"到"名茶之乡",再到迈进了"名茶强县"行列,这是缘于历届新昌县委县政府都把茶产业作为农业工作的重中之重。从免费培训、兴办市场、无性系茶树改造补贴,到品牌推广、茶事活动……在"大佛龙井"发展的每一个关键时刻,都能看到县委、县政府的领导挺身而出的身影。

农民日报曾有一篇"四个县长'接力'一片绿叶"专题报道,即钱忠鑫的"调整篇"、程晓帆的"科技红"、徐良平的"传播经"、柴理明的"质量论",以及此后,吕田县长的"数字化"和俞镕翔县长的"精品茶",除了历届县委、县政府高度重视茶产业发展外,新昌六个分管副县长薪火相传,功不可没。六个县长犹如六个接力队员,为了同一片叶子,贡献着自己的智慧和汗水。为新昌茶业的发展作出了卓越的贡献,人们都称他们为"茶叶县长"。

时任新昌县人民政府副县长钱忠鑫(左)到县茶树良种场调研茶树品种改良

茶人的情怀——新昌茶产业发展历程中的人物纪实

时任新昌县人民政府常务副县长程晓帆（右）与茶企老总
全国劳动模范石梦千探讨生态茶园管理

时任新昌县人民政府常务副县长徐良平（右）陪同
北京老舍茶馆董事长尹智君到长诏茶场考察

时任新昌县人民政府常务副县长柴理明主持
全国首个绿茶价格指数发布会

2020年时任新昌县人民政府副县长吕田（右）亲临直播现场

新昌县人民政府副县长（左一）为2024年大佛龙井精品茶斗茶大赛"状元茶"颁奖

截至目前,"大佛龙井"已获各种国际性金奖30多次,并在全国20多个省（区、市）开设了400多个直销店和专柜,新昌县也成为声名远播的"中国名茶之乡"。这是全体新昌人民的骄傲,也是历届县委、县政府的心血和结晶。在茶产业发展的每一个关键时期,新昌几乎都会出台新政策,启迪思路,引领发展,被业界誉为"中国茶业的风向标"。

茶文化 促进"三茶融合"发展

"茶产业发展将出现两大趋势,一方面是分工分业,另一方面则是三茶融合发展。"这是本届新昌县政府对茶产业发展提出的新思路。

新昌是中国名茶之乡,茶叶产业基础比较扎实,不仅规模大,而且品牌响。包括茶叶加工、茶机生产、茶叶包装设计等在内的第二产业高度发达。新昌又是旅游大县,"江南第一大佛"每年吸引着多达百万游客前来观光,为新昌茶业从一产、二产向三产延伸,为茶文化、茶产业、茶科技三茶融合发展创造了有利条件。

在现阶段,新昌有一群爱茶的茶文化传播者,为促进三茶融合发展发挥着积极的作用。在《新昌茶人》中，我们撰文记述了蔡瑜、吴玉梅、周亚枢三位茶艺师的事迹。这里我要讲述另一位年轻的高级茶艺师吴莲莲。

吴莲莲，1996年出生，高级茶艺师，新昌县白云文化艺术有限公司副总经理。2018年以来，她先后获得全国茶艺师技能大赛个人赛银奖、浙江省"西施美人杯"茶艺师职业技能大赛第一名，荣获"浙江省高技能人才""浙江省技术能手"等6项市级以上荣誉。近年来，针对社会上大部分人采用杯泡方法茶汤苦涩味重的问题，她带领白云茶艺师团队对大佛龙井、天姥云雾和天姥红茶进行了茶水分离泡法的研究，制订提出科学泡法和三要素参数（时间、茶水比、温度），并大力倡导推广。同时，针对饮茶方式的多样化需求，带队研发了新茶饮。通过调饮、冷泡、冰泡等方式吸引更多年轻人加入饮茶行列，迎合了年轻人追求新颖、新鲜、健康的饮茶方式，并多次在中国国际茶叶博览会等展示展销活动上进行演示，推广新昌大佛龙井品牌及科学的泡茶、饮茶方法，有效扩大了大佛龙井品牌影响力。她还利用白云书院的平台，走进机关、企业、乡村和学校，对广大茶叶爱好者传授茶叶科普知识，宣传"茶为国饮，科学饮茶，健康生活"的生活理念，吸引更多的家乡人爱茶、学茶、事茶，开启了全民茶艺的新景象。她为人谦和，虚心好学，在业界深受好评。

至今，全县已拥有茶艺师近百名，其中高级茶艺师10多名，他们在茶产业发展过程中，为弘扬茶文化已形成了一支骨干队伍，推动了名茶产业的健康发展，扩大了大佛龙井品牌的荣誉度与影响面。

"淡泊而明志，宁静而致远。"这是茶人的性格和追求。一片茶树的叶，落到哪里都是归宿。我们借茶修为，以茶养德，贵在践行，贵在坚持；于朴素中彰显高贵，在含蓄处自然绽放，最终修得收放自如、生命自在；接引一杯茶的智慧，归真生活，传递能量。这是我们茶人的朴实理想，也是一种时代的茶人情怀。

（陈　霞）

新昌茶界的泰斗
——缅怀凌光汉老先生

他，是新昌茶叶技术推广第一人。

他，是新昌第一批真正科班出身的农业科技人员。

他，青年入行，六十多年用毅力和执着坚守着新昌茶产业。

他，一生奔波在茶的研究与传播过程中，毕生年华都献给了新昌茶事业。

他，就是我们新昌茶业战线的凌老——凌光汉老师。

2021年9月20日，凌老先生因病医治无效仙逝，享年89岁。

惊悉"讣闻"，深感悲痛和惋惜！我 2019 年 7 月大专毕业，到新昌县名茶协会工作，和凌老相处两年多。凌老不仅是我的前辈，也是我尊敬的老师。他工作认真严谨，为人正直和善，专业知识丰富扎实，热心帮助茶人、茶商、茶农而且不计回报！他用一生对茶事业的深深情怀，谱写了绚丽多彩的茶人生！

凌老，1933 年生，上海金山人，1953 年从杭州农校茶科毕业，同年分配到新昌农业科，从事茶叶技术推广工作，投身于山区茶产业的发展，一干就是一生。他擅长茶树栽培与制茶。通过他的努力，新昌从一个只有 1 万多亩老茶园的茶叶小县，发展到如今拥有 15.3 万亩新型茶园的茶叶大县，为新昌发展成为全国三大出口珠茶基地县之一作出了卓越贡献。60 多年来，他见证并共同参与了新昌茶业发展的每一个足迹：茶园由丛到条、茶叶由圆到扁、品牌从无到有到强。凌老是新中国培养的第一批茶叶科技人员，他和陈春华、程兆敏等 8 人也是我们新昌第一批真正科班出身的农业科技人员。

听凌老生前自述："刚来新昌工作时是比较炎热的 8 月，当时交通不发达，从上海到新昌要整整一天，早上 5：30 出发，下午 16：30 分才到，到农业科报到后，昏暗的 20 平方米房间住 5 个人。"凌老说当时看到新昌艰苦的条件，一时间内心是抗拒的，但一到新昌就赴遁山调研考察，全然忘却了生活环境的简陋。通过调查研究，他和几位同事很快摸清了新昌茶业当时的状况：茶园总面积 12 500 亩（1 亩 ≈667 平方米），还是间作粮食的丛播茶园；茶类有烘青、红茶、珠茶等，年产 13 000 担（1 担 =50 千克），平均亩产 100 多斤（1 千克 =2 斤），茶叶产量排东阳之后，列浙江省第 14 位。随即，他们就把主要精力放到新技术的推广和普及上。

1955 年，他出任新昌县回山区农业技术推广站副站长，在中彩茶场搞试点,将50~60厘米高的茶树修剪成20厘米左右,遭到了中彩公社主要领导的反对,认为这样的行为不合常理,是反革命,是搞破坏。结果两个月后,修剪过的茶树分枝增加,采摘面积也扩大了,科技带来的成效让公社领导和茶农们信服了。科技人员借机一方面抓宣传,一方面到一线示范,一步一个脚印推进新技术的普及。在凌老等人的努力下,落后的茶叶生产、管理模式开始改变。丛植变成条植,间作茶园改为专业茶园,按标准分批采摘、高温闷青杀青等技术得以推广,茶叶机械也开始使用,有力地推动了新昌茶业增产增效。

1972年起,凌老被抽调到儒岙茶叶接待站工作了8年,在当时的儒一大队茶场蹲点。这个茶场是当时全省科学种茶高产典型,来自各地的参观者络绎不绝,多的时候一天里来5批客人,8年间共接待了4万多人。凌老既忙于接待,又亲自向茶农传授科学种茶技术、经验,忙得不亦乐乎。在他1980年离开儒一大队茶场的时候,这里的平均亩产从1972年的160斤提高到了500多斤。1983年,新昌茶叶产量排到了浙江省第6

位，成为全国100个重点产茶县之一。

1981年新昌开始搞名茶试制，凌老在儒岙研究毛峰炒制技术，1983年毛峰在大市聚红旗茶场试验成功，1986年凌老主持进行龙井茶炒制技术攻关。从1989年起全县大力推广龙井茶炒制技术，这一时期，名茶培训的任务十分繁重，每年春节一过，凌老就会马不停蹄跑乡镇，按照当地的实际情况开展采摘、炒制、培育管理等技术培训，每年都要培训两三千人。

1994年，凌老从新昌县农业局退休，继续返聘在原单位工作，第二年又返聘于新昌县名茶协会。在协会工作前期，他的工作还是以名茶炒制、培育管理等技术培训为主，工作一点也没比在职时轻松。他的退休生活依旧忙碌，但充实而又快乐。凌老积极开展技术咨询服务，每年接待茶农、名茶经营者、茶机厂商等1 500人次以上。每年茶季，他的办公室总是门庭若市，人们或讨教栽培、炒制技术，或询问茶树品种……凌老总是有问必答，让求教者满意而归。在继续开展讲课培训的同时，还深入一线手把手作技术指导，并积极参与"三下乡"、名茶炒制评比等活动。凌老等科技人员的心血没有白费，新昌茶农种茶、制茶技术迅速提高，有力推进了全县名茶产业的发展。随着新昌茶业发展的进一步成熟，凌老将自己主要的精力放在了新昌茶叶的品牌宣传上，积极撰写科技论文、新闻信息稿等，普及茶叶科技知识，提供茶业信息，为新昌茶叶产业发展鼓与呼。他说，当时他已经上了年纪，到茶山、茶厂感到有点力不从心，认为新一代的茶技人员也开始成熟并可以独当一面了，接下来他自己做品牌宣传、技术咨询服务比较适合。

从1995年开始，凌老就在《茶叶信息》《茶叶世界》《上海茶业》《中国茶叶》《茶周刊》《茶博览》《新昌茶业》等茶叶专业报刊上发表文章，宣传新昌茶叶品牌。另外，他还每年向县级媒体投稿50～60篇，多时100多篇，还及时撰写茶叶方面的调研文章，建言献策，做好领导的好参谋。尽管凌老不会电脑打字，每篇稿子都是写在信纸上，但他每年发表有关新昌茶业的文章都有近10万字，这么高的产量，即使一个年轻人也很难做到。

2019年10月,凌老被新昌县人民政府授予"新昌茶界资深老茶人"称号。

近些年,已经是"第二次退休"的凌老,依然选择继续为新昌茶业倾情奉献,坚持每周一和周五到县名茶协会上班,风雨无阻!他在协会办公时,偶尔会接到几个电话,听得出,是在为茶农茶商答疑解难。凌老精神矍铄,思路清晰,全然看不出已是一个80多岁的老人了。

2021年秋天,斯人已逝,但精神永存。凌老对新昌茶业的情、对大佛龙井的梦永存,我们可以在任何时间、任何地点怀念他,念及、讲述他的故事,好似怀念一位慈爱的长辈或逝去的故友,不必等到落雨的清明,亦不必翻开泛黄的相册或日记。读着他写的文章,仿佛他就在我们身边。我们新昌茶人永远缅怀这位可敬可亲的老先生!

(俞佳颖)

一片叶 一生情
——记新昌县茶叶站研究员孙利育

她，因为一片叶子，留在了异乡，也是一片叶子，造就了她一番事业；她，为一片叶子付出了一生情，也是一片叶子丰富了她的人生。

说起新昌茶叶，业内人士都知道新昌有一位茶叶专家，今天我们要说的、要写的就是这位新昌茶人——孙利育。

一片叶，让她留在了茶乡

孙利育是浙江慈溪人。1982年，孙利育从浙江农业大学（现浙江大学）茶学系毕业，来到新昌工作。1982年，正好是新昌县第一只名优茶"望海云雾"问世不久，大佛龙井研发的前夕。孙利育在大学里学到的知识正好全部可以用上，如鱼得水，经过两年的下基层跑茶山，到茶场钻技术，孙利育喜欢上了这一片叶子的科研事业。

孙利育的父母将她培养到大学本科毕业不容易，希望她能回家乡工作，并且帮助她联系落实了慈溪的工作单位。但当她拿到慈溪人事部门寄过来的商调函时，心情非常复杂，回家乡工作是孙利育的心愿，但新昌的茶产业与她学到的课本知识是那么贴切融合，对一片叶子的科研探索更是她的心愿。经过深思熟虑，她毅然放弃了回慈溪的机会，选择了留在茶乡新昌工作。从此与新昌的茶产业发展紧紧地绑在了一起。也因此，她把一生的韶华都赋予了一片小小的茶叶，倾注了她一生的情怀。

一片叶，成就她的科研硕果

1985年，新昌茶叶开始了"圆改扁"的产业转型，孙利育和茶叶站的科技人员一起，担起了试制开发大佛龙井的重担，在县茶叶良种场开始试制开发大佛龙井。对从未生产过名优茶的良种场来说，研制大佛龙井是一场硬仗。整个春季，孙利育天天蹲在茶场。从茶树品种的选种、茶园培育、病虫害防治到引进名优茶炒制机具和聘请名茶炒制技师，她尽心尽力，悉心传教，全程帮助。当第一批大佛龙井试制成功，茶叶站请来了浙江省农业厅的茶叶专家进行品鉴，结论是：外形、色泽、口感、回甘都可与西湖龙井媲美。孙利育和她的同事们都露出了欣慰的笑容。

随着名优茶开发的深入，孙利育又帮助茶农解决了销路问题，并为他们出谋划策，从早、优、高名茶技术的推广和品种的改良到销售网络的建设，她也是全程精心指导。

1998年，全省第一个龙井茶地方标准《大佛龙井茶》在新昌诞生。标准贯穿茶园管理、茶树品种、鲜叶采摘、炒制技术、产品样本等各个

一片叶 一生情——记新昌县茶叶站研究员孙利育

环节。为了起草和落实这一标准,孙利育几乎放弃了所有休息日,到田间地头进行调研和技术指导。茶叶标准化的实施,提高了龙井茶生产的科技含量和经济效益。新昌凭借在茶叶生产标准化方面的成功实践,被农业部列为全国首批农产品标准示范区之一,也是全国第一个茶叶标准化示范县。

后来,孙利育又主持开展了名优红茶"天姥红"加工技艺的科研攻关,制定了"天姥红"茶的技术规程,推动名优红茶的发展,使"天姥红"成为新昌茶叶产业新的经济增长点。

在新昌茶产业发展过程中,一项项的重大科技突破和推广中,都倾注着孙利育的心血;一块块金牌的荣誉中,都有着孙利育忙碌的身影。

多年来,孙利育主持或作为主要研究人员完成了"名优茶开发与产业化技术体系研究"等多项重大科技项目,多项科技成果居全省乃至全国领先水平。如孙利育主持的科技项目中有16项获得了省部级以上科技成果奖励，其中全国农牧渔业丰收奖1项、中国农业科学院科技成果奖一等奖1项，浙江省科技进步奖二等奖2项。在省级以上刊物发表论文30多篇，担任主编出版专著1部，参加5部专著和1本专刊的编写工作，为浙江省内外茶叶生产提供了新的思路和经验。孙利育在频频获得科技成果之后，更是笔耕不辍，负责编写《新昌县志茶叶篇》《新昌茶经》的茶之制、茶之业篇章，为后人提供科学、系统的茶叶史料。

一片叶，显现她的担当精神

孙利育曾担任新昌县经济特产站站长、新昌县茶叶总站站长等职务。在这些岗位上，她宏观思考新昌县茶产业的发展，为县委县政府科学决策尽心尽力做好参谋工作，在茶业强县的道路上贡献自己的力量。

新昌县从2000年开始至今，共制定实施了十轮茶叶产业政策和五轮茶产业发展规划，前九轮和前四轮孙利育都是作为一线工作者参与其中，主持拟定政策框架基础和实施细则。在县政府审定完善发布后，又积极贯彻执行，把政策落到实处。政策导向引领产业发展方向，连续的扶持政策，推动了新昌县茶产业的持续健康发展。

一片叶 一生情——记新昌县茶叶站研究员孙利育

正因为在不同发展阶段都能及时提出新的发展思路，新昌茶业发展才能时时领先一步，抢占先机，茶叶经济连续多年大幅增长，先后获得了"中国名茶之乡""全国茶叶科技创新示范县""全国十大重点产茶县""中华茶文化之乡"等称号，发展名茶的成功经验被全国茶界、新闻界誉为"新昌模式"，成为全国茶叶经济最发达和最受茶人瞩目的地区之一，被各地借鉴与推广。

孙利育还十分注重重大农业项目的申报实施工作，积极争取到农业部"浙江省茶树良种示范场建设"、浙江省农业厅"优质高效大佛龙井茶生产基地"、农业部"中央茶产业提升项目"等项目落户新昌，项目的实施推动生产能力和经济实力进一步增强，科技水平进一步提高，发挥了很好的示范辐射作用，促进了新昌茶产业发展和茶叶新技术的应用与普及。

一片茶叶寄深情，科技兴茶结硕果。孙利育率领的科技团队以"积极探索，科技兴茶"的精神为宗旨，在推动新昌茶产业发展的进程中，努力奉献，辛勤付出。新昌县已经连续多年获评"全国重点产茶县"，进入中国茶业百强县行列，并居中国茶业品牌影响力全国十强之首。大佛龙井连续15年跻身中国茶叶区域公用品牌价值十强，2024年品牌估值达55.53亿元。

一片叶，展现她的文化韵味

孙利育是中国茶叶学会第八届、第九届、第十届理事，中国茶叶流通协会专家委员会委员，浙江省十一届、十二届人大代表。她不断地在县内外为新昌县的茶产业发声，宣传推广新昌的茶文化，有效提升了新昌茶叶的知名度和美誉度。

北京老舍茶馆是国内茶馆业界的翘楚，与新昌县有着良好的合作关系，2005年4月连战破冰之旅在老舍茶馆喝的首道茶就是新昌的大佛龙井。2018年12月11日，孙利育应邀到北京老舍茶馆为百余名北京市民普及龙井茶品鉴知识，讲授健康茶饮方法，受到了茶馆及市民的欢迎。

2017年4月8日10：00，新昌大佛寺景区内，首届"国韵天姥·缘启茶会"在白云湖畔邂逅春光，也邂逅来自世界各地的茶爱好者。"缘启茶会"是新昌县借鉴"无我茶会"而特创的茶会，讲究一个"缘"字，人与人、人与茶的相遇皆是缘分，与新昌的"禅茶一味"一脉相承。无论是作为组织者，还是参与者，每一次"缘启茶会"都少不了孙利育的身影。

孙利育虽然于2022年年底退休了，但对钟爱的茶叶事业仍退而不休。作为一名国家一级评茶师，她常常担任县内外名茶比赛的评委，同时对茶叶企业的茶叶加工和品质评价进行指导。目前，孙利育还担任了新昌县茶文化研究会的常务副会长兼秘书长，近年来一直注重新昌茶文化的研究和推广工作，积极推动茶文化进机关、进学校、进企业、进社区、进农村等活动。她说："从事茶业工作，是一种缘分，与茶打交道的过程能够得到内心的宁静和乐趣，推动茶产业发展既是一种奉献，也是一种享受。"

一片叶 一生情——记新昌县茶叶站研究员孙利育

因为成绩卓著，孙利育先后获得"绍兴市高级专家""浙江省农业科技先进工作者""浙江省茶树良种化先进工作者""全国农村优秀人才""全国农业先进工作者"等荣誉称号和奖励。2020年在中华茶人联谊会成立30周年之际，中华茶人联谊会联合中国国际茶文化研究会、海峡两岸茶业交流协会共同举办"杰出中华茶人"推选活动，面向全球推选出在茶业各领域作出突出贡献的"杰出中华茶人"100位，孙利育名列其中。

一片叶，一生情。40年来，孙利育对茶叶科技研究和推广的专注，为新昌的茶产业发展贡献了一份智慧力量，与新昌县众多的茶产业工作者一起，推动着我县在"茶业强县"的路上不断前行。

（陈　霞）

一位与茶共舞的新昌茶人
——记澄潭茶厂创始人张铮

今天我们要讲述的主人公,是一位懂音乐、喜爱萨克斯风的新昌茶人——澄潭茶厂创始人张铮。他的43年创业经历,正如萨克斯之旋律,有低音的深沉,也有高音的激昂;有悲伤,更有欢快!

人生起步　与茶结缘

1979年,张铮17岁于新昌县澄潭中学高中毕业,同年11月被分配到新昌县镜岭供销社农产品收购站工作,开始与茶相识。在接下来的3年时光中，他一直与茶农们打交道，对茶叶的种植、加工和品质鉴定等方面，有了一定的了解和认知。从而对这一片"叶子"，产生了浓厚的兴趣和深深的敬畏之心。由此，他与茶叶结上了一生相伴的缘分。

20世纪80年代初期，中华大地上改革开放的大舞台已经拉开帷幕，张铮难掩驿动之心，很想去外面的世界看一看、闯一闯。

1983年初，他决然辞掉了当时在常人眼中很值得羡慕和守护的铁饭碗，躬身下海，奋力前游，以期达到他自主创业的愿景彼岸。

其间，他跑过单帮，倒腾过兔毛，卖过服装，返销过农产品……日子过得虽艰苦，却甚感自在洒脱。

1986年，张铮凭着前几年顺风顺水积累的经验，创办了化工制品厂。因缺乏相应的运营经验，加上他过于激进的秉性，仅仅过了四年，最终酿成工厂不得不关闭的后果，并欠下了当时堪称无法承受的30万元巨债。

面对着这样的残酷现况，张铮第一次感觉到他的人生之路，已然走到了尽头……那一年，他才26岁。

让张铮永生难忘的记忆，是发生在1989年6月8日的那个晚上，他在四川省荣昌县追讨应收款无果，返回旅社。窗外万籁俱静，他却彻夜难眠，在四楼窗前不停徘徊，几近崩溃……

第二天上午，张铮突然收到了一封来自家乡他的挚友俞晓钢的特级加急电报，电文很简单："有急事，速归！"（事后才知，是俞晓钢获悉其困境，十分担心，在确认收报地址后所发之电文）——这是一封将张铮从阎王殿里拽回来的、攸关生死之电报。

返回新昌后，张铮在得到俞晓钢经济上倾力救助的同时，又被安排在其所辖的新昌县农工商联合公司，主管茶叶出口的业务管理工作。从此，张铮痛定思痛，每时每刻都深怀着对挚友的感恩之心；忙完当天业务之余，如饥似渴地学习大量相关的业务和企业管理知识。他的自身综合能力得到了全方位提升，公司业绩也连年提高。对此，张铮功不可没。

不忘初心　再次创业

张铮的人生犹如萨克斯的音乐，豪迈欢快，充满挑战。他很感激挚友给他的鼓励和希望，感恩这位兄弟般的朋友给了他一个施展才能的平台，让他积累了丰富扎实的创业经验。

时间悄然来到了1998年6月，张铮的创业之心再次强烈油然而生。他怀着极其复杂的心情，在深思熟虑之后，最终鼓起勇气，将自己的想法与俞晓钢坦诚交流。俞先生不仅对张铮表示理解和认同，还以其名下个人资产作抵押，为张铮争取了30万元贷款，从而解决了张铮初创阶段所急需的启动资金。

张铮，秉持着一颗爱茶初心，和一贯待人谦和的态度，以及"诺不轻许，我不负人"的守信作风，踏上了独闯茶海之路……

他租赁旧陋厂房，购置必要设备，同时以品德为先招兵买马，开始投入出口茶叶业务的运营中。对招录从事茶叶出口包装工作的新员工，张铮自己兼任讲师，进行了一系列规范流程的岗前培训。一块尺寸与产品包装相符的正方形木块，一张玻璃纸，一支毛笔……，使这些新员工以最快的速度，学习并熟练掌握出口茶叶包装的相关技术。

面对厂房及诸多生产硬件的老旧面貌,张铮首先想到了急需改善提升的是厂区内外环境的卫生整洁状况。他身先士卒,带领全体行政人员,把所涉区域进行了一次彻底无死角整理,由专职人员每天进行两次全面检查,以确保车间整洁常态化;并按食品规范堆放要求,将茶叶原料、在途半成品、成品,均用经干燥处理后的垫桩板,分别以离地、离墙各10厘米间距,有序分区堆放,配设对应的专用标识;针对出口产品相关的包装车间和待发仓库,更重视现场操作、管理人员的规范着装和个人卫生,以及相关物品的定置管理。

1999年,澄潭茶厂迎来了首批外商来厂实地考察。他们进入厂区考察后,张铮在陪同中隐约感觉到了客人有些失望之意,心里很是忐忑不安。可当一行人走进仓库和车间,看到规范安装的设备,以及有序整齐摆放的原料,再看到按类布置的加工→产品包装→成品入库等环节全流程动态之严谨管理,外商们的脸上露出了满意之情,欣然回应张铮道:"贵厂能够在这样简陋的厂房设备条件下,做到如此整洁、规范,足见您务实严谨的管理理念,我们很愿意也很放心将这一笔业务(试单)交给贵厂。"

随着该订单保质足量地如期完成，澄潭茶厂破茧而出，出口业务纷至沓来，企业由此也正式进入良性循环中。从设备更新换代→各项制度建立完善→各职能部门人员完备，顺利通过每一次迭代升级的国家级食品质量管理体系各项验收和审核。

2008年，澄潭茶厂筹资3 000万元，新建厂房16 000平方米，至2010年顺利投入运行。张铮凭着多年积累的成熟的管理模式，以及他追求完美的性格和严谨作风，迈上了更阔更远的发展之路。

2017年4月，摩洛哥考察团到新昌澄潭茶厂考察，对厂况的清洁卫生、产品质量等管理方面给予了高度肯定。由此，双方签订了"摩茶饮

战略合作协议",进一步夯实了澄潭茶厂出口茶的业务基础。在之后几年中,澄潭茶厂出口绿茶远销美欧、非洲等20多个国家和地区,年出口量达到万吨以上,年销售额1.5亿元,年出口创汇达千万美元。

坚守初心　与时俱进

2012年,儿子张帆大学毕业了,张铮作出了重要的决定,安排儿子远赴法国学习出口茶叶商贸专业知识。2014年,张帆赴摩洛哥(北非)实习茶叶国际贸易业务;2015年回国后,在杭州创办了"浙江府燕尔茶业有限公司",并于次年成功加盟天猫旗舰店。从此,澄潭茶厂逐步转入内外贸并轨发展新模式。

2016年,在县委县政府相关部门和东茗乡政府的大力支持下,澄潭茶厂投资1 000万元,在山水绮丽的国家AAAA级旅游风景名胜区穿岩十九峰——东茗乡下岩贝村,注册成立"新昌县清河茶业专业合作社",建成了3 000平方米的名茶加工厂,并与合作社成员共同运作500亩茶叶基地,进而辐射周边12个乡村的3 000余亩茶叶园区。

2018年,张铮父子多次商讨,结合当时的国际国内茶叶贸易趋势,与该合作社骨干成员确立了以"茶叶产业+旅游产业"的发展新思路;同时,与中国农业科学院茶叶研究所、浙江农林大学等专业机构建立战略合作机制;开设高校实训、绍兴市青少年科普、新昌县茶文化体验等新型培训教育基地,每年不定期地开办茶农专业技能培训,有效地向全国推广"大佛龙井""天姥云雾""天姥红茶"等茶叶品牌,为新昌成功打造茶文化和农业休闲观光旅游品牌起到了典范作用。基地被授予"浙江省乡村振兴实训基地"荣誉称号,成为传播新昌茶文化的重要窗口。

近几年来,张铮父子俩共同引领的澄潭茶厂,不断提升管理水平,拓宽茶品牌营销渠道,逐年在全国各种茶博会上,展现其独特头角。2016年

5月在青海省西宁市"浙江绿茶博览会"名茶评比中,"府燕尔"牌"大佛龙井"斩获金奖;次年"三月熙春"牌"大佛龙井"荣获上海国际茶博会金奖;2017年5月,在中国(上海)国际茶业博览会专家组评审中荣获"中国好茶"评比金奖;在以"茶品味高品质生活"为主题的第26届"上海国际茶文化旅游节"中,"府燕尔"牌"天姥云雾"荣获了金奖。在此后5年中,澄潭茶厂先后获得了国际、国内、省、市级诸多荣誉称号。

2020年新冠疫情肆虐,澄潭茶厂和本地茶业产销链陷入了极度困境中。浙江省农业农村宣传中心、技术推广中心和新昌县人民政府联袂在新昌举办了"抖音有好货、县长来直播"龙井专场活动,张帆携澄潭茶厂电商团队,申报专场活动资格。经过前期产品质量的严苛审核和相关技术人员的考核,澄潭茶厂"府燕尔"牌"大佛龙井"获批准,成功进入线上平台,入选扶贫官方账号"山货上头条"商品橱窗。四款"府燕尔"牌"大佛龙井",在45分钟专场直播中,实现销售计19 080单,销售额达203.5万元,"府燕尔"品牌"大佛龙井",逆风而行。

此次活动后，澄潭茶厂先后开发了线上"帅农鸟哥""乡村老六"等品牌，全网粉丝超千万，通过以上渠道，向全国消费者，充分展示了最直观的新昌茶叶绿色生态环境、加工全过程及其优秀品质，有力助推大佛龙井品牌的线上销售，并引领新昌茶叶电商营销，迈入创新、转型新路径。

2021年，澄潭茶厂投资5 000万元，在澄潭街道大桥路22号，新建了10 000平方米的现代化综合大楼。内置清洁化、数控化、规模化的生产设备和电商基地以及全产业链实践培训基地，是目前浙江省首批名茶种植、生产、科研创新的典范茶企。

缘守初心 与茶共舞

二十六年自主创业，二十六年茶人之路，二十六载风雨兼程……

张铮和澄潭茶厂，始终牢记着"追优求新，诚信立业"的初心和宗旨，砥砺前行，与茶共舞，一路朝阳。

如今的澄潭茶厂，已从之前单一茶叶出口加工，蜕变成了一家集茶叶种植、收储、生产、科研创新、内外贸并重于一体的多元化、跨地域发展的省级重点农业龙头企业。随着时空的不断更迭和发展，澄潭茶厂经过了创业→成长→转型→创新→拓展→与时俱进，在茶园生态化、茶叶标准化、加工数控化、茶类多品种开发、茶旅结合等全向茶产业经济发展中，起到了示范和引领作用，为共同推进茶叶全产业链的稳健、可持续发展，作出了积极的贡献。

我们在澄潭茶厂采访中，遇到了一位退休的海关领导，当他得知我们在写张铮的茶人故事，深有感触地说，澄潭茶厂之所以能有今天的成效与业绩，企业能可持续发展，是由于该企业家和企业具有良好的经营理念、合规的运行准则、规范的管理机制和不断创新的发展思路等企业文化。

我们问起张铮，一路走来，您最大收获是什么？

张铮感慨道：每每想起企业初创之艰难，他总是会时时想到亦师亦友、更是他一生之贵人——俞晓钢先生。如果没有他一路上的鼎力提携和帮助，他的人生经历就会被改写，也就没有后来办厂过程中得到的更多贵人帮扶。在尊敬的俞晓钢先生身上，他学到了许多人生哲学，同时也留给他最为宝贵的人生财富"做好事，办实事"。这六个字，虽简单却很实用，对此，他终身受益匪浅。张铮说，他选择了"与茶共舞"的茶人之路，走对了方向，充实了人生。

一位与茶共舞的新昌茶人——记澄潭茶厂创始人张铮

2023年年底，父子俩圆满完成了澄潭茶厂承前启后、继往开来的交接班工作。对此，张铮很欣慰，儿子张帆，作为澄潭茶厂的传承者，经过这些年市场上的不断磨砺，从成长到成熟，已有足够的信心和责任心担当起父辈赋予他的重托。

茶人张铮留给儿子的财富，仍然是"做好事，办实事，常怀感恩之心"的创业格言。他也坚信，张帆和他的团队，必将沿着父辈挚爱一生的茶叶事业之路，开拓创新，再铸辉煌。

（陈　霞）

一位不服输的新昌茶人
——记绍兴市人大代表张雪江

张雪江,浙江千屿生态茶业有限公司总经理,浙江省茶叶产业协会副会长、新昌县名茶协会天姥红分会会长、新昌县雪日红茶叶专业合作社社长、国家二级评茶师、高级制茶师。绍兴市第八、九届人大代表。

张雪江从事茶叶生产经营30余年,载誉满满,先后荣获天福杯第十届大佛龙井茶王赛二等奖、绍兴市民间人才万人计划四星级茶叶炒制师、绍兴市第二批乡村振兴"领雁计划"人才、绍兴市高质量发展奖、绍兴市高质量发展先进个人奖、新昌县县长特别奖、新昌县高质量发展贡献奖、新昌县首届"最美茶匠"、新昌县劳动模范、"新昌工匠"等荣誉。

张雪江所经营的公司，2018年荣获"国家级星创天地"、2019年4月被评为新昌县"农业龙头企业"。公司所产的"千屿牌大佛龙井"2019年6月在上海第26届国际茶文化旅游节中荣获"中国名茶评比金奖"，"雪日红牌天姥红茶"2019年10月在广东省英德市举办的"第15届中国茶业经济年会暨2019中国英德红茶文化节"获得金奖。

这一项项奖项，这一块块金牌，不仅只是实现了"雪日红"天姥红茶的掌门人——张雪江的金牌梦，更重要地反映出张雪江是一位不服输的新昌茶人。

张雪江，是新昌回山人，生长在茶乡，对茶有着特殊的情感，在他少年的时候，看到父辈们在种茶、采茶、制茶、卖茶的过程中艰苦辛勤地付出，可收入并不可观。他就立志要做一名新茶人。30年前，刚过20岁的张雪江，以他敏锐的视觉和精明的商业头脑，白手起家，开始了他的茶人之路。

刚接触茶叶，是在他的家乡回山镇后王村，他向村里的老茶农请教，熟悉茶树的品种、茶树生长、茶青的采摘和龙井茶的炒制技术。20世纪

90年代末，20多岁的张雪江已经掌握了龙井茶炒制技术，并开始经销茶叶，从在乡村收茶到将茶叶在茶叶市场销售，一步一个脚印，一年一个台阶，他现在已拥有了一个1 760平方米的生产加工茶叶的茶厂和在中国茶市150平方米的商铺，有自己的茶叶品牌"雪日红"和"千屿"，经营着"聚一堂""大佛禅茶""十九峰景区形象店"三家茶楼，年销售额达到2 000万元以上，是新昌茶界一位不服输的茶人。

▲ 张雪江经营的三家茶馆

一位不服输的新昌茶人——记绍兴市人大代表张雪江

做好品质，才有立足之地

这是张雪江创业过程中坚守的理念。

刚开始经营茶叶时，张雪江也和大多数茶商一样，在茶市收购茶农炒好的成品茶，稍加拼整后销给销区的经营商。但激烈的市场竞争，让张雪江感觉到，这样的经营模式就像一个搬运工，很难有长久的立足之地。

2009年，张雪江在掌握了龙井炒制技术以后，被福建武夷山的一家茶企聘为炒制龙井茶的技师，可熟悉龙井炒制技术的他，却碰到了一大难题，在武夷山茶山，不管采摘的青叶怎么标准、不管炒制技能怎么熟练，炒制的龙井在颜色、香气、口感都无法达到龙井茶的标准。不服输的他，并没有退却，经过一番研究探索，让他醒悟，茶树因品种的不同和生长的地理、气候不同，制作的茶叶品类也就不能类同，也就是说武夷山的茶树品种制作红茶是最佳的，而制作龙井是不适宜的。将错就错，张雪江就此在武夷山潜下心来，开始学习制作红茶的技能。就这样，他既有了龙井茶的炒制技能，也学会了制作红茶的技巧。

2017年年底，经过市场考察，张雪江回到家乡开始投资自己办厂加工茶叶，一方面在城南乡琅珂村与茶农合作，建立了500多亩茶园基地。并投资80多万元，购置茶叶生产设备，租赁了村里1 760平方米的生产厂房；另一方面他请来县茶叶站的专家，从茶园培育、青叶采摘到炒制技术等每个细节进行培训和指导，做到生产的茶叶外形、香气、口感等品质都是优质并符合标准要求。2019年11月上旬，张雪江邀请了浙江大学茶学系教授王校常博士来合作社与茶厂指导，实地设计了现代化新茶园，采用茶树新品种、管理现代化，包括种耕施肥、修剪、采茶、灌溉控温、防冻等全面机械化，作为新茶园创建示范项目，在现场设计后，已开始开垦种植，将建设成为新昌县第一个现代化新茶园示范样板，为新昌县茶园现代化建设提供经验，为新昌茶业发展再立新功。

就这样，在他追求品质优先的理念支撑下，2019年根据市场需求，茶厂生产、销售出大佛龙井茶、天姥红茶10多万斤。让他在茶叶市场激烈竞争的环境下，有了稳定的客户，站稳了脚跟。

做好品牌，才有广阔市场

这是张雪江经营中坚守的策略。

张雪江感觉到，虽然有了自己生产加工茶叶的场地，但没有自己的品牌，还远远不能拥有长久的稳定客户。2010年新昌县委、县政府提出了"以红补绿"的多茶类战略，出台了发展红茶的支持政策。张雪江以他敏锐的市场嗅觉，率先在新昌开始了天姥红的生产加工，并注册了"千屿"和"雪日红"两个茶叶商标。有了优质的产品，也有了产品的品牌名称和自己个性化的包装。张雪江的千屿品牌大佛龙井和雪日红品牌天姥红茶的销售市场迅速拓展。

▲ 红茶车间一角

▲ 龙井茶车间一角

2018年他又成功开发出单芽高品位红茶，2019年生产了1 000多斤，不但销得快，而且出售价都在1 000元/斤以上。在绿茶的品类上，他年产大佛龙井已达到3万斤，还开发生产高档毛峰1 000多斤，既满足了一些老客户的需求，又提高了经济效益。

2019年又开发了小茶饼新产品,在完成春季红茶加工后,张雪江利用加工好的成品,通过压、烘等工艺,制成扁圆形的每个重5克的小茶饼,有红茶的、也有绿茶的,不但外形美观新奇,而且携带方便,质量也上乘,一投入市场,很受消费者与客商青睐,产品销得很快,而且还开发了三种新包装,广受客商与消费者的好评。

就这样,张雪江一步一个脚印,一年一个台阶,从2010年,年销售额约百万元,以年均递增30%的幅度,到2019年他的年销售额已突破1 500万元。现在已达到2 000万元。张雪江自信地说:我的目标是不但茶叶品质做得最好,品牌也要做到最佳!

做好人品,才有众多客户

这是张雪江人生中坚守的格言。

张雪江在前进的道路上,不满足于现有的成绩,在创新道路上不断迈出了新路子。但他更注重的是做人的人品。他经常说:要做好生意,要先做好人。也就是说做人要有纯朴的品德,做生意才会有诚信的道德。因此,张雪江不管是与别人合作,还是与客户做生意,他都做到诚信经商、公平公正、不欺不诈,从而赢得了口碑、赢得了客户、赢得了市场。

一位不服输的新昌茶人——记绍兴市人大代表张雪江

2011年,张雪江在"中国茶市"开启了自己的门店,鲜红的"雪日红"三个大红字,在全国最大的龙井茶交易市场中显得格外醒目,吸人眼球。而更让人信服的,是张雪江的经商品德。诚信,是他坚守的原则。

为打开雪日红天姥红茶的销售市场,张雪江不但做好茶叶的品质和品牌让消费者喜欢,还以他不服输的劲头,背着茶叶,北上北京、天津,南下广州、深圳,远奔东北、西北,近跑江浙沪地区,走遍了大半个中国。功夫不负有心人,雪日红天姥红茶,在各大城市的茶叶市场都有了固定的经销商。

对待每一位客户,不管生意大小,张雪江都能做到以诚为本,以信立足。如一位来自东北的客户,经朋友推荐,初次购买了天姥红茶,回家请朋友品鉴后,都觉得天姥红茶的口感不错,价格也实惠,就通过微信联系再次购买。张雪江也通过这位客户,赢得了更多的客户资源。据悉,这位客户已提出希望和张雪江合作,在东北开设天姥红茶专卖店。

写到这里,笔者希望张雪江这位不服输的新昌茶人,能保持他身上那股轻易不放弃、永不服输的劲儿,在创业的路上越走越稳;祝愿他创立的"雪日红"品牌就像绿叶丛中一片红叶,以它绚丽、温暖的姿态,在竞争激烈的茶叶品牌中傲然挺立,永立不败之地。

(陈 霞)

拳拳之心 谱写茶人生
——记新昌茶人石碧鹏

　　石碧鹏,毕业于浙江大学茶学系。先后在浙江省杭州茶厂、杭州福海堂茶业公司和一家以食疗健康养生为主营业务的涉农外企工作过。在国有和私人企业打工的十几年时间里,多岗位的锻炼和磨砺,使他萌发了自主创业的念头。

　　2006年,对于石碧鹏来说是十分难忘的一年。经过深思熟虑,他毅然回到家乡,大胆地承包经营了新昌雪溪茶场,创办了新昌县雪溪茶业有限公司。2007年他又在杭州西湖龙井茶产区创办了杭州三和萃茶叶科技有限公司。回顾这段时期,石碧鹏总结说这是高校的专业学习和国企、民企、外企等事茶经历之后的总结和重新出发，无论哪一段经验的缺失都不可能造就今天的石碧鹏和"三和萃"事业。

当我们问起石碧鹏，你为什么有胆量承包经营新昌雪溪茶场？

因为新昌雪溪茶场是20世纪60年代知青上山下乡时期创建的，在新昌与宁海连接地区，海拔700米以上，由于位居深山，远离城市，茶山经营状况一直不是很好。

在与石碧鹏的交谈中，我们了解到：石碧鹏的底气来自他看中了雪溪茶山是新昌名优茶"望海云雾"的发源地，是一座深山无喧、净水清流，生态环境十分优越的"金山"，发展潜力可观；而且，他觉得自己学的茶专业和他对茶事业的孜孜追求，在这座"金山"上可以得到充分的发挥，可谓是英雄有了用武之地！

2007年，他又胆气十足地在杭州西湖龙井茶产区承包经营了龙坞基地，创办了杭州三和萃茶叶科技有限公司。"三和萃"是石碧鹏的公司名称，也是他创立的商品品牌。

说起"三和萃"三个字的内涵，石碧鹏满怀深情地告诉我们，"三和萃"就是源自天和、地和、人和的和谐统一，茶叶吸收天地之精华，

拳拳之心　谱写茶人生——记新昌茶人石碧鹏

通过茶人的匠心制作，奉献出一杯健康好茶。"三和萃"，做健康好茶！这是石碧鹏发自内心的拳拳爱茶之心，也是他追求茶事业的坚定目标。

科学管理　初心不变

多年来，他坚持以实在的基地建设、稳定的产品品质、健康的经营模式为抓手，不定期地邀请茶叶机构的专家团队对茶园基地进行专业检测，运用科学的方法管理茶园，从增产提效、质量保证、茶园管理等方面总结出了多条做健康好茶的经验。

控制茶树花果，增产保质。为促进茶树营养生长，抑制生殖生长，提高鲜叶的质与量，他坚持对雪溪茶山和三和萃龙坞茶园进行专项管理，包括有针对性肥料比例的调整、营养补救、修剪等主要方法。

控制农药喷洒，保证质量安全。控制喷洒叶面肥的工作，对市面六种叶面肥的药性进行检验，每年将60多个批次鲜叶送检测机构检验，探索既安全又有效的喷药效果。逐渐使周边茶园原来每年十多次无序的喷洒农药，改变至现在每年四五次的统筹有序喷洒。

与各专家团队合作，加强茶园科学管理。近年来，石碧鹏加大了与中国农业科学院茶叶研究所专家团队合作的力度，进行茶园生物多功能性的调查，保持茶园生态环境健康；邀请浙江大学茶学系王校常团队普测土壤各项指标，检验多种有机质的分布情况，做到精准、科学施肥。在经验与技术相结合的科学管理模式下，基地不仅实现了自身的健康发展，同时为周边的茶园管理和建设起到了示范作用。

勇于探索　坚守目标

他不仅勇于尝试，且以师出多门的心态发展自己，一经决定便勇往直前。在2006年承包经营新昌雪溪茶场的基础上，石碧鹏雪溪茶业作为新昌县最早涉足红茶产业的茶企之一，于2007年开始试制中高档红茶并取得成功，2018年三和萃天姥红茶荣获"浙茶杯"全省红茶评比金奖，在2019年世界红茶质量推选活动中，新昌县雪溪茶业选送的天姥雪里红茶再获"大金奖"。

这些奖项的获得，石碧鹏认为有两点必然因素。

一是独特的茶园小气候。坐落在新昌750～800米海拔山区的雪溪茶场，以高山有机茶园目标生产经营。基地本身有着优越的自然环境，得天时地利的照拂加上科学的管理，保证了雪溪茶场生产的茶叶的品质基础。

二是优质的茶汤风味。雪溪茶场建立之初，石碧鹏便亲自参与了红茶工艺的研发工作。有着当年九曲红梅的生产经验，石碧鹏发现红茶发酵这一环节对茶叶品质和风味的形成有着决定性作用。他将九曲红梅重日头萎凋，灯光、日光发酵的光热特点运用于雪里红，产生了明显的花果香型。在试验茶叶不同形状对茶叶风味的影响时，石碧鹏发现，卷曲型的雪里红虽有着高识别度的特点，但这一特点对花果香风味的影响却是负面的，从而决定了今天雪里红以花果香、条型为典型特征的品牌物质。

2012 年，石碧鹏去往武夷山考察红茶时，发现当地制茶技艺对烘焙这一道工艺给予了非常大的重视，炭焙由里而外的作用特点更是令他印象深刻、深受启发。随后，石碧鹏便以"大胆猜想、小心求证"的态度改制了雪溪茶场对新昌卷曲类名优茶——望海云雾的工艺，望海云雾茶也因此分别荣获浙江省农博会金奖和"中绿杯"金奖，石碧鹏于 2020 年也获得了绍兴市首届乡村振兴"领雁计划"人才称号。

雪溪茶场作为新昌名优茶的发源地，生产的"大佛龙井""雪里红"等茶叶屡屡受到业界的肯定与赞美，"三和萃"品牌已然成为优质茶叶的"认证标志"。2009 年 7 月，雪溪茶场生产的"望海云雾"茶，被中国茶叶博物馆征集为 2009 年度茶样。

不断创新　矢志不渝

对安吉白茶产业进行深入研究后石碧鹏认为，安吉白茶适于机械化加工，因此规模扩大比较容易，产业化程度易提升；反之，龙井茶倡导手工炒制，精细的产业特点让龙井茶在发展规模上容易受到制约，但这也保证着龙井茶传统品质的稳定。对于三和萃龙坞基地，石碧鹏仍然遵循"两条准则"进行管理和建设，他用两句话概括这个茶场与自己的关系：受惠于茶，受制于茶。龙坞基地是集种植、生产、销售于一体的经营模式，这样的业态造就了相对稳定的产品品质、健康的产业模式，却也在一定程度上制约着自身的发展壮大。

拳拳之心　谱写茶人生——记新昌茶人石碧鹏

茶学专业出身的石碧鹏以严谨的事茶精神，34年如一日地维持着产品的安全可靠、维护着消费者对"三和萃"品牌的信任，也杜绝了相对取巧的发展路径。或许是因为石碧鹏的这份从容，"三和萃"虽然以相对缓慢的速度成长，却呈现出了扎实的产业现状。如今的石碧鹏，分别在绍兴、杭州和宁波共承包茶园3 000多亩，年生产经营龙井茶、云雾茶、红茶等已达到10万斤以上，年销售额超过4 000万元。

十八年的努力，十八年的探索，十八年的拼搏，成就了今日的"三和萃"品牌。

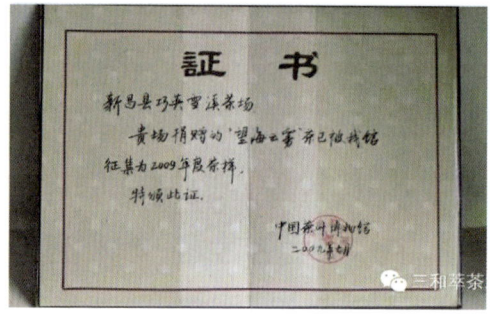
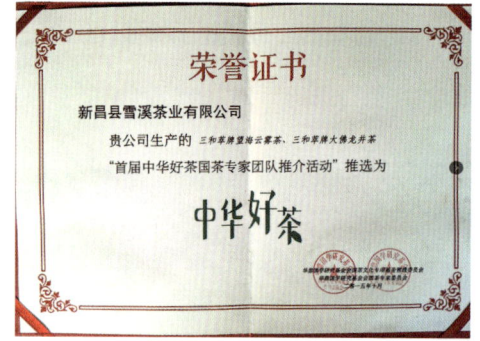
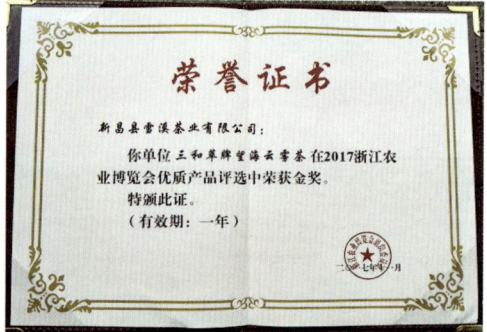

34年的辛苦耕耘，石碧鹏矢志不渝。对于未来的发展，石碧鹏表示将继续坚持正确的经营模式，让"三和萃"能健康、可持续地发展壮大。

石碧鹏，用拳拳爱茶之心，谱写着他朴实无华的茶人生。

（陈　霞）

新昌茶界的一匹黑马

——记新昌群星茶业董事长周玉翔

在我国茶行业面临茶店遍地、品牌林立、同质竞争日益加剧的环境中，新昌县群星茶业有限公司，犹如一匹年轻的黑马，独具匠心，跃马奔腾，冲出低水平竞争的"红海"，向着诚信、有序、共赢的"蓝海"进军。

关于群星茶业，近几年媒体从不同的角度有过很多报道。所以，一说起新昌县群星茶业的掌门人周玉翔，业界的人都知道。但都不清楚他曾是一名金属防腐领域的专业人士，1991年毕业于浙江工业大学腐蚀与防护专业，从事了十多年金属"保鲜"工作。2003年，他转身茶业领域，专注于农产品保鲜技术开发和小包装茶叶研究。2010年创办"群星茶业"，开始研发大佛龙井茶全产业链（育苗、种植、茶园管理、生产加工、保鲜贮藏、产品开发、渠道建设）的改进与技术创新。

新昌县群星茶业是一家国家高新技术企业、浙江省科技型中小企业、绍兴市企业研发中心，也是新昌县科技兴茶的典范。

13年来，群星茶业分别承担了6个国家星火计划项目，参与制定了1项国家行业标准、3项行业标准，申报了6项发明专利，其中3项发明专利已授权，服务绿茶企业2 000多家，保鲜农产品2 000万千克，小包装茶叶引领绿茶发展新潮流。研发的大佛龙井分段炒制工艺技术，颠覆了绿茶行业的传统加工模式，真正做到了一年四季可以喝到新鲜的春茶，大大提升了大佛龙井在绿茶界的知名度。

13年跨了三大步：群星茶业主打的"百鸟峥茗"大佛龙井品牌声名鹊起，获得客户的认可；销售"渠道"建设取得突破性进展，产品已打入机场、五星级酒店、高速服务区、连锁超市、中华老字号茶店（馆）等高端卖场；在北京、上海、深圳、太原、沈阳等地已建立起由100多家经销商组成的销售网络。特色的产品和服务，优质的"渠道"建设，给企业带来盎然生机，市场不断拓宽，销售业绩屡创新高，为企业发展提供了强劲的动力。

那么，新昌县群星茶业有限公司这匹"黑马"有何成功秘诀呢？

新昌茶界的一匹黑马——记新昌群星茶业董事长周玉翔

群星茶业掌门人周玉翔，看上去一副书生腼腆样，平时话语不多，但他有着一套与众不同的经营理念——科技创新引领创业思路！就如他打造的群星茶业品牌"百鸟峥茗"，众所周知，"百鸟争鸣"是指千百种鸟一起鸣唱，喻指很多种思想，在同一个时期，发挥着各自的力量和影响。而群星茶业的"百鸟峥茗"（峥是高峻，茗是香茗）喻指群星茶业以高峻的形象显现在众多香茗之中。

革新技术　打造包装新理念

用创新理念和创新工艺开启绿茶包装新气象，致力于成为小包装龙井茶的领航者。这是周玉翔置身于茶产业领域的初衷。凭借他多年金属防腐的技术经验和浙江大学强大的技术支撑，群星茶业成功开发出茶叶常温保鲜剂，于2004年4月正式投产。

爱喝茶的人都知道，茶叶在常温下3个月就会变质，颜色变暗，香味消失。用了茶叶保鲜剂后明显能延长保质期，有一家茶叶经销店将做试验的其中一包茶叶忘在角落里，到第二年春茶上市的时候才发现，打开一看，色香味竟与新茶无异。由此，群星茶叶保鲜剂声名鹊起，新昌的茶叶企业纷纷应用，得到了全面推广。

2005年，"农副产品脱氧保鲜剂"项目，荣获绍兴市科技进步奖三等奖。2010年7月，群星茶业项目"茶叶贮藏保鲜及包装技术集成示范与推广"被列入国家级星火计划。使用该技术，可使茶叶在常温下保鲜18个月。该技术已经在浙江省内外茶叶企业中广泛使用，有效延长了绿茶的保质期，提升了其美誉度。2008年，群星茶业参与起草制定了国内脱氧剂行业的第一部行业标准——《食品用脱氧剂》（SB/T 10514—2008），开发出一系列干果保鲜剂、鲜花保鲜剂和果蔬保鲜剂，为众多农产品和鲜切花的生产加工企业提供保鲜服务。2021年，参与制定了团体标准《绿茶保质期》。2022年，参与制定了2项团体标准《大佛龙井数字化茶园建设与管理》《大佛龙井数字化加工要求》。

独特的专利包装正是群星茶业的核心技术，也是该企业进入茶产业的楔子。在研究出实用新型专利技术"一种隔离式脱氧保鲜包装"后，2010年3月，群星茶业有限公司和群星茶叶专业合作社成立，专注于专利小包装龙井茶生产及全产业链龙井茶技术创新，提出了科技提升传统茶业和品牌、理顺产业链的茶业发展新模式，创立了"百鸟峥茗"和"石涵铭鉴"两个绿茶品牌。公司陆续在2021—2023年获得"一种龙井茶的分段炒制加工方法及判断茶叶老嫩的设备""一种花香型红茶及其加工方法""一种改进的龙井茶及其加工方法"3项发明专利。

 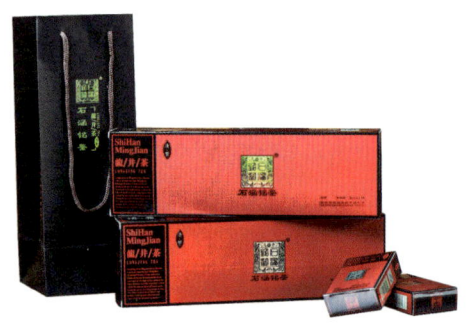

由于其独特的生态环保理念，群星茶业的产品包装先后获得了"新田园"杯首届中国农产品包装设计大赛二等奖、首届中国创意林业产品大赛金奖、2016年第二十三届上海国际茶文化旅游节"中国名茶"金奖、2017浙江省优秀旅游商品称号、2017中国特色旅游商品大赛铜奖、"2018浙江绿茶（银川）博览会"名茶评比金奖、2018年第八届国际鼎承茶王赛绿茶组金奖，2019年"百鸟峥茗大佛龙井50g竹罐装"获得浙江省特

色旅游商品称号和"2019 中国特色旅游商品大赛"金奖，在 2023 年"第四届浙江特色伴手礼评测活动"中被评为"浙江特色伴手礼"。

"百鸟峥茗大佛龙井"先后荣获：2020 年"第十届中绿杯全国名优绿茶产品质量推选活动"特金奖、2021 年"两展一节茶叶产品推选活动"特别金奖、2022 年"第十一届中绿杯全国名优绿茶产品质量推选活动"金奖、2022 年"浙江网上农博会优质产品推选活动"金奖，2022 年、2023 年连续两年评为大佛龙井精品茶。

"百鸟峥茗天姥红"先后荣获：2021 年"中茶杯十一届国际鼎承茶王赛"工夫红茶金奖、2022 年"第二届世界红茶产品质量推选活动"金奖、2023 年"中茶杯第十三届国际鼎承茶王赛"红茶组金奖。产品畅销国内二十多个省区市。

分段加工　茶叶王国的保鲜秘籍

"很多爱茶的人出差或是旅游都会遇到一个问题，自己带去的茶叶喝不完会浪费，酒店里的茶叶味道又不好。有没有方便携带，而且剂量又合适的茶叶产品呢？"这是周玉翔从消费者角度想解决的另一个难题。

"我们对产品采用了小包装技术，每包剂量是科学统一的，这样泡出来的茶可以说是恰到好处。"周玉翔介绍道，"还有，我们的茶叶与一般市面上的茶叶不同，是通过分段加工生产的，它的味道会更香更地道，相当于客人们可以随时随地携带最新鲜的茶叶出门了。"

周玉翔提到的分段加工，是群星茶业在茶叶保鲜方面的又一大探索与创新，它将传统的炒茶技术分成两步进行，有效解决了茶叶的保鲜问题。

过去的茶叶生产，从摊青到辉锅都是一口气完成，这种方式被广泛采用，但实际上存在着明显的弊端。茶叶从制作到包装，加上运输，往

往需要15天左右。在这段时间里，茶叶氧化后会影响口感。另外，考虑到销量等问题，一般茶叶公司会把运来的茶叶先放入5℃左右的恒温库保存，等到有订单时再取出包装。如果是在6、7月包装，从恒温库中出来的茶叶遇热吸水，对品质影响更大。

2013年下半年，在与中国农业科学院茶叶研究所、浙江大学合作后，他的团队最终研制出了分段加工工艺。与过去不同，在完成摊青后，炒茶人将青叶杀青到一定含水量后进行封存，等到有订单时再将这些干茶开封炒制，然后直接打包出售。工人们在包装时全部采用小包装，同时加入脱氧保鲜剂，以保证每次开封时，茶叶都是新鲜的。

新昌茶界的一匹黑马——记新昌群星茶业董事长周玉翔

群星茶业拥有自己的茶园、农民合作社和炒茶工厂，得益于这些"内部构成"，再加上成熟的炒制工艺，在分段加工模式下，从干茶到制成包装好的茶叶，大概需要3天时间。如果夏天有订单需要炒制，工人们从恒温库取出杀青后的半制茶进行加工，这样制成的茶叶品质自然优于从前。

采用分段加工后，对工人技艺和产量提升上的好处也是显而易见的。周玉翔说："过去，从茶叶的采摘到加工再到包装，都需要工人们分工去完成，而现在，由于一个时间段内只需要集中完成一部分工作，同样的工人资源，可以有更多的精力用在同一个环节中，产量得到了提升不说，工人们处理青叶的能力也得到了加强，炒茶技术自然大幅度提升。"

对于分段加工带来的品质体验，消费者最有话语权。在销售过程中，我们也经常听到绿茶寒、伤胃的说法。现在通过分段创新加工工艺的应用，做好的龙井茶不但不伤胃，还是养胃的，这些，群星茶业通过消费者的反馈得到了有力的佐证。

群星茶业通过不断自主宣传，消费者体验、反馈，企业改进。大家对百鸟峥茗大佛龙井茶的认识更加全面喜爱，消费群体也在不断扩大。

2013年3月，群星茶业接待了一位东北的茶商——辽宁鸿兴泰茶业集团董事长蒋咏。说起蒋咏的到来，还有个有趣的故事——他是被一杯陈茶吸引来的。蒋咏参加松阳茶商大会的时候在宾馆里喝到了一杯好茶，当被告知是新昌群星茶业去年生产的大佛龙井陈茶后，他觉得不可思议，就当即赶赴新昌实地考察。

通过对群星茶业的茶叶基地、加工包装车间等的实地考察，蒋咏对大佛龙井的质量有了充分认识，对群星茶业的包装技术更是叹为观止。他说："我们鸿兴泰是东三省茶行业中唯一的首批中华老字号，首重质量控制，最怕存储中变质。群星茶业很好地解决了这个问题。"他当即购买了价值8万元的"百鸟峥茗"大佛龙井,并签约成为群星茶业在辽宁省的总代理。

协作上下游　做好茶叶全产业链

很多人喝茶是无意识的,譬如,开会、培训、访客、出游、出差、饭局等场景。接待方都会泡杯茶,被接待方会随手拿起就喝,这个是生活中非常普遍的现象,如果我们去深究这些现象的背后会发现很多值得引起深思的东西,如五星级酒店,可以说提供的所有的服务中茶叶是最便宜的,连拖鞋都要几块钱一双,而茶叶往往不会超过0.5元;再如高档饭馆,一桌菜几千上万元,一瓶酒几百上千元,就是泡上来的茶不到50元一斤,而且往往是夏秋茶。一场总裁培训、一场高级别会议等,何尝不是同样的境遇。

另外,茶叶生产还是简单粗放,从产地到销地大致还是如下模式:茶农种、采、炒、卖(产地茶叶市场)。小贩买进卖出(产地茶叶市场),茶商贩进贩出(销地茶叶市场)。销地茶商再包装分销,进入各种卖场,尽管这几年电商不断兴起,但基本模式没有改变,只不过进入超市、专卖店、便利店的,直接进入了天猫、淘宝、京东。而茶叶在这样的流通过程中各方面的品质很难得到控制和保持。

我们知道茶叶产区和销区对茶叶的理解是有差异的,但不管怎样理解,产区的规范化、标准化、有机化生产都是销区所期待的。销区对品质的要求也在不断变化,消费习惯也在不断变化,但是销区对安全、新鲜度、纯正口感、标准化等要求会越来越高,而且产区和销区之间信息流通越来越快,运输上越来越方便、迅速。因此,产区和销区的信息越来越透明。

在这样的环境中,群星茶业始终围绕每一杯茶(安全、新鲜、好喝、标准化）而展开。为保证产品安全、新鲜、好喝、标准化，群星茶业的做法也很独特，周玉翔告诉我们："只有协作上下游，做好茶叶全产业链，改变粗放型发展模式，渠道建设、营销创新才是有意义的，才能真正保持茶叶在消费者消费的时候和生产的时候品质一致。"他们做法是：

一是绿色食品认证。

二是聘请炒茶师傅，保持传统工艺。盛伟永和盛毅永两位制茶师傅至今已有35年炒茶经验。盛伟永曾先后获得县级茶王、浙江省十大龙井茶炒制能手、浙江省农业技术能手、中国绿茶类制茶大师等荣誉；盛毅永曾先后获得省十大龙井茶炒制能手、绍兴市技术能手、绍兴金蓝领等荣誉。在两位茶王的把关下，能做到炒好每一锅茶。

三是根据不同群体，研发不同小包装。做到群星茶业生产的龙井茶，便于携带和消费时的新鲜度。

四是创新加工工艺，实现四季现炒好茶。从原来的一季生产，四季消费改变为春季采摘，四季加工，四季消费，真正实现了现炒现卖。

对产品的认可，用户体验是非常重要的环节，很多人刚刚接触到百鸟峥茗大佛龙井茶时不了解，杭州又是西湖龙井的天下，很多人买龙井第一选择一定是西湖龙井。因此，在萧山机场便利店群星茶业布置了20多个点，每一个点都会有小包体验装，可以现场打开包装，看颜色、闻香味、看芽型，并可试泡试喝，让用户现场感受产品的方便性、一致性、新鲜度。群星茶业会不定期举办茶王现场手工炒春茶活动，邀请用户、客户、专家到现场体验，当他们在加工现场闻到炒茶时散发的满室甜香味，会留下难以忘怀的感受。

多年来，公司坚持走科技创新促进茶叶高质量发展之路。2023年4月6日，绍兴市博士创新站研发的"功能性茶点"品鉴会在群星茶业数字化展示中心成功举办；2023年12月8日，群星茶业第一批茶叶衍生品——大佛龙井精酿啤酒问世。精酿鲜啤酒采用百鸟峥茗大佛龙井原料茶，在酿造中，应用低温冷萃的专利保鲜技术，萃取龙井茶的清香和营养物质，与全麦芽啤酒独特的酿造工艺结合，开瓶可初闻龙井幽香，入口醇厚，回味是酒花微苦和茶回甘，下咽后茶、酒共香充满口腔。产品一投放市场，深受消费者喜爱。

我们问周玉翔，这么短短几年您就成为茶业界的一匹黑马、一颗新星，有什么体会和感想？周玉翔笑着告诉我们："我们就是为了改变而来，为了产业升级而来，为了消费升级而来，为了用户更好地喝茶体验而来，希望通过我们的不断努力，让越来越多的消费者喜爱上'百鸟峥茗'大佛龙井，每天都能喝上一杯纯正口感的上好龙井绿茶而不断努力。"

（陈　霞）

大佛龙井"西山碧芽"的金牌史
——记新昌两代茶人石梦千、石志辉

"西山碧芽"品牌是大佛龙井众多企业品牌中注册最早，获得金牌最早、最多的企业品牌，可称为新昌大佛龙井的"领头羊"。

"西山碧芽"大佛龙井，创建于1995年9月，2004年5月"西山碧芽"是首个获得大佛龙井"浙江省龙井茶原产地域保护专用标志证书"的品牌。先后获得过中华文化名茶奖、国际名茶金奖、浙江农博会金奖和多次获得浙江绿茶博览会金奖；2020年7月，在第十届"中绿杯"全国名优茶产品质量推选活动中，"西山碧芽"大佛龙井获得金奖。

新昌茶人

这一块块金牌、一项项荣誉,记载了两代茶人的创业史。

"西山碧芽"创始人——石梦千

石梦千,全国劳动模范,是"西山碧芽"品牌的创始人,也是新昌茶界的资深老茶人。

石梦千,1981年开始从事茶业,长期致力大佛龙井的开发和研制。他经营的新昌茶叶良种场,是新昌茶产业实施"圆改扁"的示范基地。在大佛龙井品牌创立初期,就率先注册了"西山碧芽"商标,新昌茶叶良种场不但成为了大佛龙井茶园培育、龙井茶采摘、炒制技术的培训基地,多年来,共传帮带名茶炒制技术人员数千名,为新昌大佛龙井起到了示范作用。

大佛龙井"西山碧芽"的金牌史——记新昌两代茶人石梦千、石志辉

茶叶良种场也是全县茶树良种繁育的示范基地,在大佛龙井研制的早几年,良种场就从外地引进 36 个名茶优良品种,采取无性繁殖,年产扦插良种 10 万多株,每年为茶农提供插穗 250 万条;他研创的茶树良种嫁接试验通过省级成果鉴定,并在全省推广,每年提供良种茶苗 500 万株,是全国良种茶苗繁育最多的茶场之一。1989 年以来,石梦千连续被评为浙江省科技示范户、浙江省科技示范能手,1999 年被评为浙江省劳动模范,2000 年 4 月被国务院授予全国劳动模范,2018 年 10 月被推选为"中华匠心茶人"。

"西山碧芽"传承人——石志辉

石志辉是石梦千的儿子,从小受父亲的熏陶,高中毕业就跟随在父亲身边学茶制茶。他没有显赫的学历,但他有着新一代农民创业的执着。他的经历远胜过学历。作为资深茶人的后代,他没有坐等继承父辈的位置,却沉入市场,钻研技术,在业界最基层历练自己,继承父辈衣钵,被公认为茶二代中的佼佼者。

1998 年,在茶叶良种场已经学了三年茶叶技术的石志辉,孤身在上海担任茶叶良种场的门市部销售主管。两年时间里,在上海石志辉背着

"西山碧芽"大佛龙井跑遍了大小茶叶市场,从而对市场的需求和变化有了亲身的感受。2000年,回到良种茶场担任负责销售的副场长。2005年,石志辉以良种场为基础,创建了新昌县红旗茶业有限公司。他已经完全接过了父亲手中的"枪",开始独当一面,成为"西山碧芽"品牌的掌门人。

石志辉是农民的儿子,更是茶人的后代。跑过市场,管过生产,石志辉无疑是一位技术型的创业者。他深知,要保持"西山碧芽"的金牌,要想在偌大的茶界有所建树,必须要有自己的新模式、新思路。他把文章做在提高茶叶品质上。首先,他将提高茶树良种化、炒制规范化作为立场之根本。茶叶良种场不乏优秀炒制工,但一二个优秀是无法提升整体质量的。石志辉制订了全员提高培训计划,通过建立奖励、惩罚机制,一对一拜师学习制度,使茶场的整体茶叶炒制技术有了极大的提高。

自己企业的炒制技术已经得到认可,那么,如何发挥这个优势让更多的茶农受益呢?经过慎重考虑,他在2007年秋组建了新昌西山碧芽茶叶专业合作社,他被乡亲们推举为社长。成立了合作社,创建了公司加合作社加基地的新模式,石志辉有了更大的舞台。他做出了一个惊人之

大佛龙井"西山碧芽"的金牌史——记新昌两代茶人石梦千、石志辉

举：3 000亩合作社社员的茶叶只要按他的标准采摘下鲜叶，按鲜叶炒制茶叶后的比例收购，由合作社统一炒制、销售。石志辉收购的价格也是按照公司销售的价格定的，这为合作社社员大大增加了收入，而且减轻了劳动强度。大家都乐意把茶叶卖给合作社，因为合作社有炒制和销售的优势，合作社发展新茶园积极性大大得到提高。

"西山碧芽"的光彩——不负众望

在石志辉的带领下，红旗茶业年产大佛龙井和西山红等名优绿茶、红茶20多吨，销售额超千万元，产品多次获得浙江省绿茶博览会金奖，上海国际茶文化节金奖等荣誉。西山碧芽茶叶专业合作社，2009年获浙江省示范性农民专业合作社，2010年获浙江省百强农民专业合作社，2012年被新昌县人民政府命名为新昌县农业龙头企业，2013年企业商标"西山碧芽"获得浙江省著名商标。在2020年第十届"中绿杯"名优绿茶产品（全国选送546个绿茶样品）质量推选中"西山碧芽"品牌大佛龙井获得金奖。

2015年,红旗茶业探索茶叶标准化、自动化、清洁化生产,投资1 000多万元,新建5 300平方米的厂房,建设清洁化生产车间,投产一条龙井茶自动化生产线和冷藏等设备,极大地提升了红旗茶业茶叶标准化加工的生产能力,年加工生产高端龙井2万斤以上,订单在稳定老客户的基础上不断新增。并与全国著名茶企"八马集团"建立了长期产销紧密合作的关系。大家都知道,现代的营销策略都说"酒香也怕巷子深",可红旗茶业生产的"西山碧芽"品牌大佛龙井就是应验了一句老话——酒香不怕巷子深。

2010年,红旗茶业开始研制天姥红茶的生产加工,并注册了"西山红"和"沃洲红"商标,开始了"绿+红"生产模式。

"西山碧芽"的内涵——"敬、精、净"

我们问石志辉,你父亲创建了一个"西山碧芽"品牌,你是如何发扬光大,如何保持光彩鲜艳的?石志辉谦逊地告诉我们:父亲身上要学的东西太多了,他艰辛创业的精神是鞭策我勇往直前的动力,他大公无私的品德是激励我成就事业的楷模!我不但要传承好父亲交给我的"西山碧芽"金牌,关键还是要传承"西山碧芽"品牌真正内涵的三个字,

大佛龙井"西山碧芽"的金牌史——记新昌两代茶人石梦千、石志辉

即:"敬""精""净"。

"敬",就是对茶事业的敬业精神。石志辉说:从我懂事开始就看到父亲全身心投入在茶场的工作中,很少有时间在家里陪伴我们,还经常告诫我和弟弟,红旗茶场是新昌茶产业的标杆,领导把这么大一个茶场交给我管理,我只有一心一意地"敬业",才能把这个标杆形象树立好,不辜负领导和场员们对我的信任。父亲的创业经历,给了石志辉榜样也给了他压力。是茶人都明白,茶,是中国的传统产业,品牌的竞争是很激烈的,创业也是很艰辛的,没有对茶事业的一个"敬"字,是很难支撑往前走的。石志辉告诉我们:红旗茶业新建厂房后,贷款给他带来很大的压力,很多人劝他还是将厂房卖掉或者将厂房租掉也比自己撑着要轻松。但想起父亲传承给他对茶事业的"敬",鞭策着他不管多么艰难都必须勇往直前走下去。这是对茶事业的一种情怀,没有这种情怀是做不好茶事业的。

"精"，就是把产品做"精"。俗话都说，创品牌容易保品牌难。石志辉的父亲给他创立了"西山碧芽"的金牌，但如何保持他的鲜亮？则是对石志辉的一种考验！说到这里，石志辉深有体会地说：做茶就得做出自己的品牌才有成就感。好多茶商为了赚钱，购进销出，就是一个搬运工，而我觉得，一定要有自己的品牌，一定要创立自己品牌的个性，那就是父亲传承给我的，不管市场风云多变，只有始终如一地把自己的品牌做"精"，才有立足之地。尤其是当自己品牌已经有了一定知名度，我一定要对客户负责，不但要把产品的品质做好，而且一定要做"精"，真正让客户觉得"西山碧芽"的金牌含金量是可信的。所以，我们红旗茶业从茶园管理到产品加工和发每一批货，都有一套完整的标准化规章制度，严格要求每一个员工，每一个岗位，只有做得最好，才称得上是一个合格的员工，合格的管理者，合格的企业。2018年全国著名的茶企"八马茶业"闻名来新昌考察寻找合作伙伴，当八马茶业集团的专业人士考察完红旗茶业后，没有任何异议就与红旗茶业签下了长期合作的协议。

"净"，就是做人要干干净净。石志辉告诉我们：小时候常常听父亲对我说，要干干净净做人，坦坦荡荡做事，人这一辈子做人做事都要对得起自己的良心，不要做损人利己的事。小时候不太理解，如今我终于明白了！做一个干净的人，是灵魂干净，是思想纯洁，做人，干净是一种修养；做事，干净是一种良知。心灵干净的人，如莲花，出淤泥而不染，即便社会地位不高，但依旧坚持做一个干净的自己。父亲的教诲时时刻刻鞭策着石志辉在创业的路上经商而不"奸"、见利而不"损"。如随着"西山碧芽"品牌知名度的不断提升，一些茶商想通过他的品牌做

大佛龙井"西山碧芽"的金牌史——记新昌两代茶人石梦千、石志辉

销售,而且给石志辉的利益也很诱人,但石志辉坚守自己的底线,他觉得自己加工生产产品虽然辛苦,也因生产成本的增加利润会减少,但绝对要对客户负责,干净做人就是要诚信经营,这样我们的企业、我们的品牌才能走得更远做得更大。

石志辉用事实、用品牌、用业绩传承了父辈对茶事业"敬、精、净"的精神衣钵,也脚踏实地地打造了"红旗茶业"、更是用心地呵护着"西

山碧芽"这块金牌。2019年4月,石志辉被浙江省人民政府授予"浙江省劳动模范"称号。

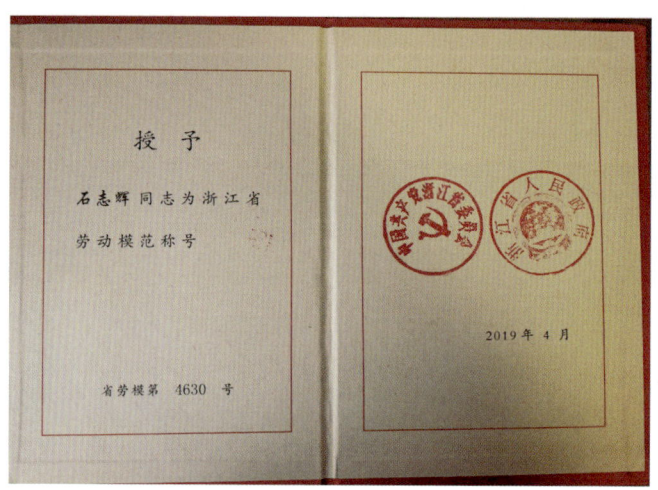

（陈　霞）

以茶为媒 夫唱妇随
——记新昌茶人丁国统夫妇

新昌茶界都知道，有一对夫妇把新昌大佛龙井做出了名气、做出了名堂，创出了国昊基地+生产、销售+品牌、互联网+成功之路，这就是丁国统夫妇。说起他们的姻缘，丁国统深情地说："我们因茶而结缘，妻子是我的福星，她不但给了我爱情，还是我事业上得力的干将。"

丁国统从17岁开始外出炒茶、卖茶，做了30多年的茶叶，说起30多年来走过的振兴家乡茶叶的艰辛路，丁国统感叹地说："我的人生可以写一本书。"他以一生的心血谱写了从一个茶农到茶商到茶人的发展奋斗史，也见证并经历了新昌茶叶的发展历程。

背着茶锅　独闯天下

丁国统是回山镇大安村叶家自然村人,家乡盛产茶叶。1986年,有师傅到村里教龙井茶炒制技术,丁国统爸爸带他去学习,经过勤学苦练,掌握了炒茶技术。1987年,17岁的丁国统背着一口茶锅到杭州等地炒茶、卖茶。

1990年,丁国统在临安承包了60亩茶山,带了5个人去临安炒茶。产茶旺季的时候,他们往往全天不眠不休地炒茶,都累垮了。工人们实在撑不住了,要求休息不肯加班炒茶,可青叶放不住,堆放时间一长,就烧焦了。没办法,丁国统只好一个人炒茶,两天两夜不合眼,一直炒制茶叶,有时候,实在熬不住了,打起瞌睡,头一点点垂向炒锅,热气熏得他醒过来,又接着炒。他说:"那段时间没日没夜地炒茶,真的让我炒怕了!"尝够了炒茶的辛苦,丁国统开始转型,收干茶卖茶。

经历寒冬　收获爱情

丁国统说,1997年,是茶叶行业的灾难。茶叶大量滞销,积压。那时,没有冷库,快过年了,新茶就要上市了,没有办法,只有挥泪甩卖,价值90多元的茶叶51元卖了,价值50多元的茶叶卖到19元。经历过这次茶叶行业的寒冬,摸爬滚打了几年的丁国统不仅亏光了所有的积蓄,还欠了2 000多元债。

1998年开春,心灰意冷的丁国统到宁波去玩,想散散心。也正是这一次,他和张泳证有

以茶为媒 夫唱妇随——记新昌茶人丁国统夫妇

了接触,并开始交往。在两人交往中,张泳证不但给了他信心也给了他新的希望。陪他在宁波,到茶庄、茶叶店实地调研。宁波高档的茶庄让他大开眼界,"原来,茶庄可以这么高级呀!"丁国统作为一个茶人,心里有了更高的目标。也正是这一年,在张泳证的鼓励下,两人一起开始在宁波摆摊,开茶叶小店经营茶叶,张泳证看摊,丁国统跑销售。1999年,两人结了婚。现在已有了23岁的女儿和16岁的儿子。说起他的家,丁国统脸上洋溢着幸福的笑容。

夫唱妇随 走向四方

1999年,夫妻俩在宁波开了家20多平方米的茶叶店,认识了旁边的老茶馆老板。茶馆老板想把茶馆转租给丁国统。茶馆上下三层,但当时夫妻俩拿不出租金,茶馆老板就让他分期付款。这样一两年之后,丁国统付清了所有钱。也正是租下这个茶馆之后,丁国统生意越做越大,这家老茶馆一直营业中……,直到现在还是丁国统赢利最大的茶庄。"妻子是我的福星,而这个茶庄是我的福地!"丁国统发自内心地说。

至今为止,丁国统夫妇已经在宁波、绍兴、新昌等地开办多家旗舰店,全国设有茶叶经销商专柜20多家。他们用丁国统和儿子的名字各取一字,注册了"国昊"茗茶的商标。主打国昊品牌的有大佛龙井、天姥云雾、天姥红茶、白毫银针等品种,年销售额1 600万元左右。

不忘初心　情系家乡

经过在外十多年的闯荡,丁国统从一个茶农到茶商,不但有一手炒茶的技能,也有一手经商的经验,而他身上的一股创业硬劲始终没有松懈。2005年,丁国统夫妻在宁波买了房买了车。但他并不满足现状,想着家乡山区茶农的艰辛、想起家乡高山茶园的环境,他与妻子达成共识,回乡投资建茶厂。2009年,他回到家乡,又从单一的茶商身份转变为茶商茶农双重身份的茶人。当年,他们买下了新昌县"中国茶市"二期的四间店面房。

2011年,他们在老家茶叶基地,承包了350亩茶山,建立了"国昊茶业"基地。

以茶为媒　夫唱妇随——记新昌茶人丁国统夫妇

2012年投资300多万元，建了茶厂，面积1 000多平方米，引进全县首家红加绿全自动生产线，日产茶500斤左右，从而在全县第一个实现了大佛龙井茶的自动化生产，建起标准化示范茶厂，茶厂取名国昊茶厂。

2013年，茶厂正式投产，在此基础上，丁国统还组建了国宁茶叶专业合作社，合作社的名字由他和女儿名字中各取一个字组成。合作社采取农户认养茶叶基地，进行维护和采摘，实行统收统购，使茶园"统一管理、统一采摘、统一收购、统一包装、统一销售"，努力实现品种高档化、栽培有机化、管理规范化和采摘标准化。使产品品质和价格都保持稳定，也缓解了茶农卖茶难的问题。

2018年，丁国统的茶厂年生产加工茶叶达到35吨以上，茶叶产值达到2 000多万元。近两年来，一直保持着稳定增长的良好态势。

2019年4月，中央电视台（CCTV-7）农业频道《农影智造》栏目专程采访了丁国统夫妇。以茶企规模化管理、标准化加工、品牌化经营的典范亮相在中央电视台（CCTV-7）。

新昌茶人

与时俱进　　收获满满

"以前我走的是批发＋零售，以后要走品牌之路，在基地＋生产的基础上，顺应互联网＋趋势，跟市场接轨，推广合作，打响国昊茗茶品牌。"丁国统满怀信心地说。

丁国统夫妇非常清楚，茶叶市场的销售竞争日趋激烈，甚至达到了白热化的程度。80后、90后尽管不懂茶叶，但紧跟潮流，抖音直播、带货直销等代销的新营销手段像雨后春笋遍布互联网，挑战着传统的茶叶销售模式。他们要在市场上保持竞争的优势，必须要在传统销售模式的基础上，与时俱进，创新模式，才能保持稳定的销售渠道，才能赢得市场。他们也知道，国昊茶业尽管有自己的品牌，但也得尽快适应千变万化的大市场，要以线下连锁实体店为基础，以互联网平台为发展，充分发挥自己拥有的生产基地和加工厂，

始终把质量放在第一位，肯定会赢得客户的好评，也肯定会赢得市场。2020年在新冠疫情肆虐的背景下，国昊茶业销售额仍然增长了10%左右，销售额达到了1 800万元。

辛勤的耕耘，必将获得丰硕的成果。近几年来，国昊茶业荣获了多项国家级、省级大奖，也是新昌县首批获得大佛龙井地理标志和大佛龙井防伪标识"双标"使用的茶企之一。

2023年，他们的女儿丁宁大学毕业了，为传承国昊茶业，她毕业后跟着父母学习茶叶的生产与经营。不到一年，她就体会到了父母创业之艰难，她也从父母身上感受到了纯诚的茶人情怀。她说，做茶人真的不容易，也很辛苦，不仅仅只是卖茶，要懂茶就得从一片叶的种植、一片叶的培育、一片叶的制作到一杯茶的冲泡，都要学、都要熟知。丁宁，不愧是茶人的后代，她不怕辛苦、不惧困难、不畏疲劳，跟随父母学茶经，单枪匹马奔波在全国各大茶展览会，推介国昊牌大佛龙井、天姥红茶、天姥云雾。丁宁表示，她一定会努力工作，不但要传承父母的茶人情怀，也要像父母一样，做一位有知识、有技能、有情怀的新茶人！

（陈　霞）

从"烟山"走到北京的老茶人
——记新昌茶人赵中槐

"大佛龙井"是新昌农产品的一张"金名片",连续15年被评为中国茶叶区域公用品牌十强,2024年品牌评估价值高达55.53亿元。当你打开这张金名片,"名茶第一镇"——烟山,就会跳入你的眼帘。

说起"烟山",新昌本地人都知道,"烟山"系今日回山(含双彩)之美称,相传回山(乃新昌最大的台地)因四围皆山而古称围山,历代相称衍化成"回山"两字。此地每当夏秋早晨,山谷中层云叠出,经朝阳照射,状如彩烟,故又俗称"烟山"。步入烟山腹地,随处可见成片成片碧翠欲滴的茶园,把这块110多平方千米的台地点缀成了茶的"绿洲",将这灵山秀水织就一幅泼墨

从"烟山"走到北京的老茶人——记新昌茶人赵中槐

浓重的以茶为主的山水画卷,将尘世的喧哗与人心的浮躁都挡在了山外。

烟山人有一种代代相传的"耕读传家"的烟山精神,沿袭成"父耕子读"的良好民风,如一潭清澈的水流在烟山大地静静地流淌!由此,从烟山走出来的名茶名人层出不穷,茶叶经营人才荟萃,在新昌"中国茶市"和省内外经商的茶人队伍中,五分之二来自烟山。下面我们重点要讲述的是从烟山走出的茶人中的一位老茶人——赵中槐。

赵中槐,烟山上库村人。很多人都说赵总很"牛",经与他深聊,发现他很有冲劲和实力。

走出烟山　从事茶叶经营

1985年,正是新昌大佛龙井研发起步阶段,烟山(今回山)是新昌县茶叶主产地,号称"名茶第一镇"。赵中槐就以他敏锐的商人头脑,置身茶叶经营事业,是当时新昌屈指可数的几位茶叶经销商之一。开始他只是少量的返销,获利并不多。他走村串乡与茶农接触后,发现每逢春茶季节,茶农采摘、炒茶、卖茶非常辛苦,为了炒制一流的名茶,他们日采夜炒彻夜不眠,一双双手掌挂满了血疱,如此辛苦是因为茶叶是烟山茶农创收致富的绿色产业。他也感到,随着新昌大佛龙井生产量的逐步增加，只有将茶叶从烟山卖到大中城市，才能解决大佛龙井的销路问题。20世纪80年代末至90年代初正是计划经济向商品经济转型的火热年代，政府大力提倡"四千"精神，即走遍千山万水、道尽千言万语、历尽千辛万苦、想尽千方百计闯市场销产品，他背着批量的大佛龙井到上海、北京、广州、江苏、河北、济南等地，以一股不服输的闯劲，发挥"四千"精神，推销大佛龙井。经过几年的摸爬滚打，他积累了经销茶叶的经验，也摸清了新昌大佛龙井之所以深受大城市消费者的青睐，是因为新昌大佛龙井是高山龙井，具有独特的高山香气和超高的性价比。

历经艰辛　闯荡北京茶市

1995年他被回山供销社聘任，在北京北下关开设的绿茶专卖店任总经理，次年又受聘于新昌县名茶公司，在北京文化街成立浙新龙茶叶公司并任总经理。

从"烟山"走到北京的老茶人——记新昌茶人赵中槐

1998年，赵中槐遭遇了人生道路上一次重大转折，因新昌县名茶公司决定在北京的茶叶公司歇业不再经营，赵中槐面临着回新昌还是留北京继续创业的抉择。回新昌，有人脉也有基础，过日子不成问题；留北京，虽已闯荡了两三年，但无亲无故、无依无靠，生存面临挑战。最终，赵中槐选择了留北京。他向朋友借钱，在北京马连道茶城开设了自己的茶叶公司，并仍然取名浙新龙茶叶有限公司。

情怀于心，必是精神抖擞，满腹壮志，内心力量油然而生。几年风风雨雨的茶人经历，让赵中槐深深体会到：人生如茶，无论是谁，若经不起人情冷暖而沉浮，怕是也品不到人生的浓香。只有经历了人世的冷暖，就像翻滚后的茶叶，慢慢沉落到杯底，用沉默作为微笑的表情，而那杯茶水也像人的内心，足以接纳一切友善或恶意。

众所周知，北京不仅是我国的政治中心、文化中心和国际交流中心，也是茶叶的重要集散地之一。在北京马连道茶叶特色街，来自全国各地的茶商云集，茶叶品种繁多，市场竞争激烈。而新昌的大佛龙井还刚刚迈入产业化发展的阶段，品牌的知名度还不是很响。赵中槐夫妇在经营上也没什么特别的诀窍，但他们始终"坚持三个不变"，坚持一个品牌，那就是大佛龙井，不冒牌充假；坚持一个品质，茶叶品类再多，不以次充好；坚持一个诚信，货真价实，不乱标价格。他们夫妇俩凭着"坚持三个不变"，在马连道茶城打开了局面，站稳了脚跟。经过几年的打拼，他们拥有了丰富的资源、人脉、资金。并于2005年开设了北京新昌大佛龙井01号专卖店，销售额逐年增长，大佛龙井在茶城有了一定的知名度，浙新龙茶叶有限公司被评为马连道中国特色商业街"十强"。大佛龙井"江南大佛龙"品牌荣获北京马连道第六届茶叶节浙江绿茶博览会金奖。

返回家乡 走一体化之路

茶的人生到底是怎样的一种情怀？赵中槐说："茶，是一道光，茶，也是一席凉风，它照亮我灰暗的刹那，轻抚去面上沾染的浮尘，直抚心底，漾开心底的涟漪！如果茶的人生是一种情怀，那我们就要用平常心

从"烟山"走到北京的老茶人——记新昌茶人赵中槐

去对待事物,带着激情去生活。"

赵中槐就是这样带着一股执着,怀着一种情怀,抱着一腔激情,脚踏实地走着他的茶人生。

在北京的马连道茶城,大佛龙井的品牌站住了脚,浙新龙茶业站住了脚,赵中槐一家在北京也落了户,妻子经营专卖店,他负责采购茶叶,年销售额超过千万元,一年的收入也较为乐观。女儿赵镔从小在北京读书也受父母的影响,爱上了茶,独自在马连道茶城开设茶叶门市店,儿子赵权接过父辈的产业,用他年轻人的思路做起了茶叶抖音直播达人。

但安逸的生活并不是赵中槐想要的,他积累了一定的资金和客户,想到的是把家乡的茶叶绿色化与大城市市民喝上放心茶的直接衔接,想到的是让家乡的高山好茶大佛龙井的品牌越来越响。2003年,他毅然回到了家乡,在城南乡八寺山承包了茶园,创建了浙江省新昌县江南大佛龙茶厂,并按照有机茶标准进行管理。

茶园海拔500~600米,与全国重点寺院大佛寺和著名影视风景区七盘仙谷毗邻,远离烟尘,环境优美,空气清新,水源清洁,生态条件好。红壤夹沙土,土质透气性好,生产的茶叶鲜爽度非常高,回甘极好。茶园内种植一万多株桂花树,桂花盛开,满园芬芳,是新昌县拥有桂花树

最多的茶园,近年来成为了网红打卡地。桂花树下布满珍贵的龙井茶老品种。园内除了桂花遍布,还有红枫、杜鹃、金樱树、梨树等,各种野树和果树,和茶树相伴相生,一年四季风景如画。茶园茶叶只采摘春茶一季,不过度开采,是为了保证春茶最好的营养物质和出芽肥壮,以确保茶叶的品质。其他时间施有机肥,做好防涝、防旱、修剪管理等工作,让茶树度过六个月休眠期,对老茶树加以重点保护。因桂花和茶树套种,茶叶滋味更加醇厚丰富。每年春天,茶园组织采茶踏青,观光品茗,吟诗笔会,接待国内外来宾。茶园生产的龙井、天姥云雾、天姥红,一部分出口欧美国家。茶园曾组织开展全国线上线下青年茶人茶联席会。被中华茶人联谊会授予"全国青年茶园001号",深受青年茶人喜爱。

茶厂拥有标准化厂房2 000多平方米、各种手工电动炒茶锅、先进的化验检测仪器及各种名优茶生产线,是一家软硬件一流的现代化茶厂。茶厂以"倡导绿色消费,享受健康人生"为宗旨,崇尚绿色、生态、自然、健康的生活理念,力求质量精益求精,坚持生产优质茶叶。年产大佛龙井、天姥红茶、云雾绿茶等系列产品11 000多斤,产品远销北方市场和欧洲国家,多年来深受消费者喜爱,市场占有率逐年提高。江南大佛龙品牌先后荣获浙江绿茶博览会金奖、上海国际茶文化节金奖。2006

从"烟山"走到北京的老茶人——记新昌茶人赵中槐

年被授予"新昌县标准化加工厂""新昌县龙头企业"和"浙江省省级示范茶厂"。经过10多年的努力,赵中槐实现了他茶叶生产绿色生态化、茶叶品牌产销一体化的理想。

当笔者问起赵中槐39年的茶人生,最深的感想是什么?赵中槐深有感触地说:"我每天的生活都与茶有关系,休闲忙碌都会与茶有关。茶早已成为我生活中不可缺少的一部分,有茶的人生是充实的,有茶的生活是快乐的!我现在最想做的就是好好弘扬我们新昌大佛龙井的茶文化,让更多人来了解认识大佛龙井茶文化的内涵,并因此爱上茶文化,爱上大佛龙井。"他还说,茶文化有着提高个人修养,提升整体气质,陶冶性情,培养精神内蕴的作用。

(陈　霞)

从草原上走出来的茶叶电商
——记浙江清承堂茶业董事长池大伟

一个时代造就一代人，这话搁在池大伟身上，是一种现实的寓言。

1982年，池大伟出生在内蒙古自治区赤峰市的一个普通家庭，用内蒙古人的话形容，赤峰人是内蒙古的"犹太人"，骨子里有一种竞争意识，勤奋、执着、健谈、肯吃苦、执行力强都是赤峰人身上的特有标签，从这方面看来，赤峰人确实和"犹太人"比较像。

池大伟就是靠着这种流淌在血液中的拼搏精

神，走出故乡内蒙古，走入茶乡新昌，在茶界的电商海洋中历经 8 年的摸爬滚打和过关斩将，创下了如今的茶叶电商亿元帝国。他曾说："做电商是一种时代趋势，是商业手段不是商业目的，我心中真正的茶商就是要把真正的茶文化、茶历史、茶品牌通过屏幕传递给更多爱茶的人，把像大佛龙井这样的好茶带给消费者"。靠着这一份爱茶的初心，池大伟创办的清承堂旗舰店年度销售额几乎每年都在翻倍，从 2014 年的 1 500 万元、2015 年的 2 000 万元、2016 年的 5 000 万元到 2019 年突破了一亿元。池大伟在电商领域的努力让他收获了巨大的成功，也完成了人生的第一次蜕变。

抓住机遇，转行茶叶电商

用池大伟自己的话来形容，与茶叶的相遇相知像是偶然的巧合，更像是命运的安排。这话得从 22 年前说起……

由于从小不善读书，18 岁时，家里人安排他到吉林省通化市去当兵。在那个年代，军人退伍后，本可以返回家乡谋一份驾驶员之类的工作，生活稳定安逸。但在池大伟眼中，这种一眼能望到底的生活根本不是他想要的，他想去外面的世界拼一拼、闯一闯，于是在 2000 年，他只身离开家乡，前往通化市选择自主创业，第一份职业是通化市某药厂的医药代表，机缘巧合下，药厂派他负责中国产茶大市——安徽省黄山市的医药市场，这一做就是十年。

十年的耳濡目染，慢慢的茶叶在池大伟的生活中也成了不可或缺的一部分。在一次朋友间的谈话中，池大伟发现茶叶市场很有前景，市面上很多茶商仍旧比较传统，没有搬到线上营销，互联网渗透率不高，市场一片蓝海，这时若能提前"入局"，利用长期积累起来的营销能力，弥补线上的空白，一定能干一番大事业。2010 年，池大伟下定决心转战茶叶电商领域，网店装修、上宝贝、客服、支付宝、经营人气……池大伟一点点地了解电子商务,没想到第一年店铺的销售额就达到了1000万元。

慧眼识茶　倾心大佛龙井

2014年,池大伟在黄山开办了浙江清承堂茶叶有限公司,随着网上销售生意越做越好,黄山的茶叶已经供不应求,池大伟感觉到如何能快速地找到优质的茶叶产地是当务之急。2016年,一次去茶友家品茶,茶友拿出来一种绿茶,外形小小的,他心想"这么不起眼的茶叶会好喝吗?"没想到茶一入口,池大伟就被这种独特茶香吸引了,才得知这款茶叶是新昌的特产——大佛龙井。

池大伟说:"如今回忆起来,那味道记忆犹新,可以说是一见钟情"。第二天,池大伟就乘车来到了大佛龙井的产地——新昌,第一站就去了国内最大的龙井茶交易市场——中国茶市,正在为找不到好茶叶愁得辗转反侧的他,一下子眼前一亮,"中国茶市"规模之大、茶叶的交易量之大令人印象深刻,最重要的是大佛龙井茶质优价廉,适合大众消费。让他当下就下定决心要把公司总部转移到新昌。

池大伟说:"我把公司迁建到新昌,是因为新昌在生产大佛龙井茶方面有着得天独厚的优势,产地环境、品质管控、品牌打造、规模化发展、茶机制造等方面都走在全国前列,大佛龙井的品质、品牌也逐渐获得了业

界专家和消费市场的高度认可。在平时的接触中，我能感受到新昌茶人身上的韧劲、冲劲。新昌人并没有凭借着全国的龙井茶主产区的优势以逸待劳，他们反而不断地在新的领域尝试、探索、创新，可以说我在新昌看到了茶产业发展的未来。"

2016年，初来新昌办企的他得到了当地县委、县政府的大力支持，主动帮他解决办企遇到的种种困难，就这样，清承堂很快便正式落户新昌，在县名茶协会的帮助下，浙江清承堂茶叶有限公司破格进入名茶协会的会员并得到了授权"大佛龙井"商标许可使用。当年，清承堂的大佛龙井茶线上销售额就突破了5 000万元。这意味着池大伟的公司一年内销售了25万斤的大佛龙井茶叶，带动了1 000户茶农增收致富。

（时任浙江省副省长孙景淼，在新昌县人民政府常务副县长柴理明陪同下考察清承堂茶业）

在清承堂的带动下，一大批茶商涌进了电商大门，据不完全统计，2016年，在"中国茶市"注册电商会员就超过了10万人，电子商务和传统销售模式的联合发展，推动了大佛龙井茶从高山茶园走入百姓茶杯，大佛龙井犹如一匹茶界的黑马，驰骋在祖国的大地上。

诚信为本　品质赢得顾客

大数据时代，随着社交电商等业态的发展，电商渠道逐渐发展成为了消费者选购茶叶的重要途径，如何在数字发酵的时代建立自己的茶叶电商品牌，池大伟认为"从一片叶子到一杯好茶"的经营理念是清承堂脱颖而出、持久发力的关键。

俗话说"好货不愁卖，好店不愁客"，但酒香也怕巷子深啊！怎么能让更多的消费者通过清承堂这个平台喝到优质的大佛龙井茶，池大伟认为卖茶者首先要懂品茶、会辨茶。为此，池大伟走遍了新昌大大小小的茶山、茶园，苦心研习评茶技艺。从小不爱喝茶的他，几乎每天坐在茶桌前品尝十几种茶叶，中间一度喝到胃炎发作，他也没想过要放弃。凭

从草原上走出来的茶叶电商——记浙江清承堂茶业董事长池大伟

着这股韧劲和倔劲，池大伟终于从一个评茶"小白"蜕变成一个评茶"高手"，不同季节、不同品种、不同品质的大佛龙井茶他一品便知优劣。

为了突出"从一片叶子到一杯好茶"的经营理念，突出大佛龙井的产地优势和品质优势，池大伟在选品、采购、包装等环节建立了一套操作规范，在店铺宣传上也是做足了文章。在产品介绍时对"一片叶子到一杯好茶"的理念进行了图文并茂的解说，一方面是文字描述，另一方面用图片。消费者可以非常直观地看到大佛龙井从田间生长到进入茶杯的过程，了解大佛龙井的品牌文化。池大伟说："要想把电商做大，诚信是第一步。其实，茶叶的用户忠实度很高，一旦认准了咱家的茶叶品质，明年、后年、大后年…他都会再来回购。也正是由于我们坚守初心，我们网店的粉丝量才会从最初的几百人增长到68.3万人，转化率从最初的30%提升到现在的70%"。

> 历久弥香清承堂，
> 茶友无数网购抢。
> 龙兄绿弟斗气艳，
> 清纯醇香奉人间。
>
> （茶友为清承堂献诗）

紧跟时代　勇做龙井直播第一人

2019年，直播开始崭露头角，池大伟凭借敏锐的市场判断力，认为直播行业有可能成为茶叶电商的新模式。于是，池大伟带领团队，转战茶叶直播市场。池大伟说："在电商时代，网商就像是舞者，要上台表演，要亲近观众才能赢得更多关注度。"于是他大胆地在炒锅边架起摄像头卖手工龙井茶，自己当起主播，在天猫直播平台推销新茶，没想到半个小时就有近 500 人下单买茶叶。现如今,池大伟直播团队从最初的 3 个人发展成 50 多人,直播平台粉丝达到了 575 万人。池大伟很自豪地说:"直播带给我的成就感不是这一场播下来我能卖多少茶叶、赚多少钱,而是我们每天可以通过直播平台向至少 100 万人传递我们的茶文化,推荐了我们新昌的大佛龙井品牌。我甚至畅想过,有一天,我们的茶叶会不会像大米一样普及?"这位龙井茶直播第一人凭借着坚韧的毅力和创新的勇气让团队的年销售额达到了 1.5 亿元。

维护客户　细节决定成败

说到自己的成功秘诀,池大伟认为,刚刚创业的朋友要有"前期很痛苦后面很美好,前期很美好后期很痛苦"的心态。做网店要可持续发展,没有稳定的客户做不长久。只有扎扎实实地从网店的产品研发、创意营销、客户服务、物流配送等方方面面做好细节,才能稳住固定的客户群体,并让他们去带动更多的朋友和亲戚,最终实现滚雪球式的客户增长。

从草原上走出来的茶叶电商——记浙江清承堂茶业董事长池大伟

池大伟说:"做电商要对消费市场需求敏感,要对市场的发展趋势有个判断。中国茶叶消费总量和人均消费总量呈持续上升趋势,我认为,随着消费升级、健康理念提升,中国茶叶消费必将持续增长,中国会逐渐发展成为全球茶叶消费的重点市场,像大佛龙井这样的好茶也会迎来属于它的第二个、第三个春天。"

(袁海艳)

情系百姓 用心谱写茶人生

——记新昌乌泥岗茶场场长吴海江

吴海江，话语不多，一看就是一个憨厚踏实、宠辱不惊的人。他是一位"红色精神"的身体力行者，在里东村发挥了党员的模范带头作用；他不但是一位深深扎根于小将镇里东村土地上的村务工作者，也是一位情系百姓的新昌茶人。

22年来，他踏实劳作，身先士卒，不断用自己的实际行动，带领村民摆脱贫困、增收致富。其个人也先后获得四星级民间人才、十佳新型职业农

情系百姓　用心谱写茶人生——记新昌乌泥岗茶场场长吴海江

民、绍兴市首批乡村振兴"领雁计划"人才、绍兴市乡村振兴突出贡献个人、浙江省第一批"万名好党员"、绍兴市优秀党务工作者等荣誉。

情系家乡　一头扎进茶产业

2002年，吴海江原本在外闯荡打拼，村里的村干部给他打电话，告诉他村里的茶场——乌泥岗茶场无人管理要荒废了。情系家乡的他毅然决然返乡，承包了村里的200亩茶场。从此，吴海江一门心思都扑在了茶叶上。

"乌泥岗"深藏在新昌小将镇境内的高山僻静处，围绕它的四周，分别是闻名遐迩的罗坑山、菩提峰、天姥山和华顶山等四大名山，整个山脉似一朵盛开的莲花，"乌泥岗"所处的位置，酷似莲瓣环绕的莲心。乌泥岗茶园所处的位置就是在这有山有水、风景宜人的风水宝地。山间茶树、樱花、海棠相间，四季色彩缤纷。特殊的高山小气候与深厚肥沃的高山香灰土，造就了乌泥岗茶优异的品质。制成绿茶，香气清幽、滋味

· 103 ·

甘鲜爽口；制成红茶香气甘甜，滋味甘醇、饱满、柔滑。

吴海江承包了乌泥岗茶山后，刚开始，不懂茶园管理和茶叶加工技术，他就城里、乡下来回跑，不断从茶园管理能手和炒茶高手那里取经，学习炒茶技术，一点一滴学习积累，慢慢掌握了茶叶生产相关技术。在茶叶加工过程中，他老老实实地按照农业技术部门专业人员指导培训的技术规程，一个环节紧扣一个环节，最终生产出了高品质的大佛龙井，并注册了"乌牛岗"和"菩提丹芽"商标，在市场上有了一些名气。

几年下来，"菩提丹芽"大佛龙井品牌做出了一点名堂。吴海江并没有停滞不前，他时刻关注市场行情，不断探索新茶品。2010年，吴海江看到卷曲类名茶的市场前景，开始了他的转型之路，他按照新昌第一只名茶"望海云雾"的加工工艺，生产卷曲类茶，并定名为"菩提曲毫"。菩提山云雾缭绕，赐予了乌泥岗茶叶特有的清醇、甘鲜和无限的禅意。

2014年，对吴海江来说既平凡又不平凡。当年，新昌县正大力推动"红+绿"的多茶类发展战略，极力攻克名优红茶加工技术，吴海江及时抓住机遇，开始试制红茶，并邀请新昌县茶叶总站专家驻场指导红茶生产，一开始，他们选取不同嫩度原料如单芽、一芽一叶、一芽二叶等进行试制，经过不断比较，加之"金骏眉"单芽红茶的一夜爆火，他决定采取最嫩的单芽作为原料，并不断研究加工技术，研制出了"菩提丹芽"优质红茶。制作红茶需要时间和精力，经常要发酵至深夜，可当自己做出来的红茶能被消费者认可，就喜上心头，再疲惫也不觉得了。终于，功夫不负有心人，"菩提丹芽"红茶成为第二届中华茶奥会新昌县选送的两个茶叶品牌之一，得到了会上专家学者和市民的广泛好评。先后获第

情系百姓　用心谱写茶人生——记新昌乌泥岗茶场场长吴海江

二十三届上海国际茶文化旅游节金奖、2018"浙茶杯"优质红茶推选活动金奖等。

"我们现在不用出门销售，都是老客户主动找上门，还有许多人是寻着味道前来的。"多年来，吴海江一门心思做好茶，许多人品尝后，都喜欢上了香浓味醇的"菩提丹芽"红茶，订单络绎不绝，茶叶供不应求。

甘于奉献　勇当致富领头人

对吴海江来说，从事茶产业，偶然中有必然，必然中有偶然。但他的成功是必然的，因为他始终保持茶人的初心，情系百姓，带领着里东村民共同致富。

早在20世纪90年代，里东村就开始种植花木，有海棠、红枫、桂花等品种，还种植一些小京生、油茶籽、白术等经济作物，畜牧业也占一定的收入，但因为村里没有工业企业，农民还是以花木销售占主要收入。吴海江的成功，无疑是给村民们开辟了一条新的致富路，越来越多村民开始种植茶叶，并纷纷向他请教种植技术。吴海江耐心地教大家茶叶怎么种、怎么炒。因为他深知一个道理，"授人以鱼不如授人以渔"，他认为，里东村要发展，一定要让村民们掌握种茶技术，因此吴海江专门抽出时间对村里的茶农们进行培训，不定期的组织专家传授茶农茶叶种植和炒制等的专业技能，近5年来，茶农们的生产效率已经提高了95%，收益增加了80%。村民们称吴海江是真心奉献，勇当致富"领头羊"，而他却真诚地说："独富不如众富，共同致富是我们村干部的职责和目标。"

不仅如此，他的茶场全年雇用季节性茶叶采摘工5 000多人，充分发挥了农村剩余劳动力、超龄劳动力的劳力互补、技术互补、资金互补、时间互补、资源互补，有力促进了农业集约化经营和农业可持续发展。

乡村振兴，产业兴旺是重点。茶叶与花木作为里东村的两大产业，带动了村民致富增收。吴海江作为里东村的党支部书记，始终把发展产业、共富富裕牢记在心头，作为自己的主要职责，他做到了！2020年，他被评为绍兴市乡村振兴突出贡献个人。2022年，他被授予绍兴市担当作为好支书。

情系百姓　用心谱写茶人生——记新昌乌泥岗茶场场长吴海江

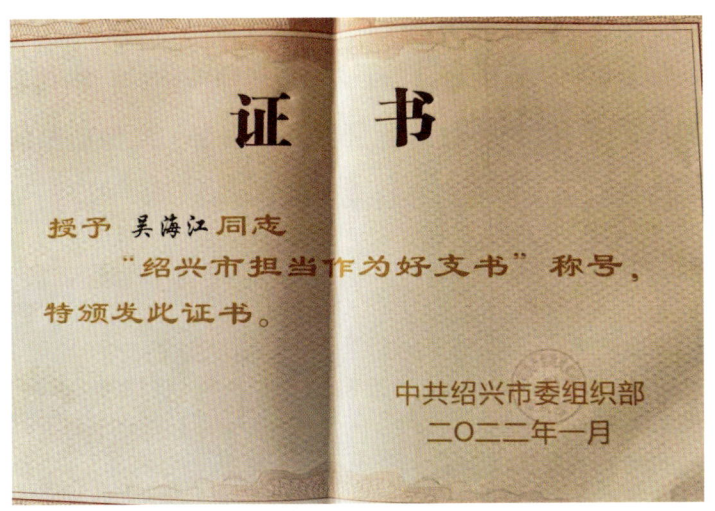

现在到新昌"中国茶市"转上一圈,问上一番,小将镇茶也在人们心中有了位置、有了分量、有了自信!

以茶为媒　茶旅融合谋共富

菩提峰下的里东村,花香阵阵,流水潺潺,茶香四溢。沿着盘山公路蜿蜒而上,可以看到半山腰间满是云雾缭绕的迷人景象,丛丛花团锦簇点缀其中,犹如仙境。在"乌泥岗茶场"牌坊前停下,这便是里东村入口,爬上六七十度的陡坡,驶入花海间,小路的两侧种满了樱花、海棠、红枫等植物,这是吴海江在种茶时种下的,据他介绍,"种这些花木起初是出于经济考虑,没想到花木遮阳也能提升茶叶的品质。"有了各色花木、常绿茶园的装点,乌泥岗更成为一道独特的风景,上万株樱花在春茶时节绽放出艳丽的色彩,与茶树相邻而居,构成一幅满园春色的靓丽图景,置身其中,让人心旷神怡,越来越多的人慕名前来,乌泥岗也因此揭开了它神秘的面纱,被世人所熟知。

自2015年开始,小将镇开始举办樱花节,吸引不少来自周边城市和县内的游客,到乌泥岗赏樱花、品春茶,共话乡村振兴,共谋发展大计,也为乌泥岗茶场带来更多机遇。"通过举办这样的活动,以花之名、以茶为媒,广交天下友,既把小将的美景推介出去了、又把新昌的茶叶推介出去了,一举两得",吴海江开心自豪地说。

在里东村,一片片的茶叶,变成了"金叶子",铺就了一条致富路;一朵朵的樱花,变成了"金花朵",谱成了一曲共富曲。

吴海江,22年来,踏实勤恳,带领村民发展茶产业,闯出了一条共同致富路;他用一颗赤诚的心,谱写了他的茶人生,也赢得了村民们的称赞和爱戴!勇往直前,再创辉煌,这是茶人吴海江的人生追求!

(白家赫)

让大佛龙井香飘津鲁大地
——记山东潍坊天津大佛龙井专卖店经理杨富生

在山东潍坊中华茶博城，有一家很有名气的大佛龙井专卖店——烟山茶庄。敞亮的四间店面，店铺内陈列了各种茶叶，但走进店内"大佛龙井"四个大字是最醒目的。烟山茶庄，在潍坊开店已经整整29个年头了。

走出新昌　经销大佛龙井

杨富生，是烟山茶庄的老板，他是新昌县回山镇上下宅村人，初中毕业后就到县城打工，修过车、开过店。1995年5月，他才20多岁，一次偶然的机会去山东潍坊的亲戚家串门，当他看到潍坊的大商场茶叶柜台出售的茶叶价格不低,而杨富生从小在茶乡长大,觉得自己可以在茶叶上谋求发展。于是,他向亲戚朋友借了3万多元资金,和妻子两人来到山东潍坊,在那里开了一家茶叶直销店——烟山茶庄,专卖新昌的龙井茶。当时外出经销茶叶的人很少,杨富生属于新昌第一批经销大户。茶庄开业后,他才知道山东人喜欢喝茉莉花茶,对龙井还很陌生,认为龙井绿茶是生茶,喝下去要拉肚子的。开业一星期,只卖了16元钱。因此,没有经验的杨富生第一年在潍坊没有打开市场,结果是借来的3万多元本钱全部血本无归。

面对失败,怎么办呢?杨富生具有新昌回山人吃苦耐劳的韧劲和做生意的头脑,不挣到钱不回新昌。他没有回家过年,春节期间他考察了潍坊以及周边城市茶叶消费群体的喜好。他坚信新昌的龙井茶品质好,只要推广开来,一定能赢得市场。他了解到,山东人不熟悉也不习惯喝龙井茶,他就采用将茶叶送给周边的人、路过的人免费品尝,以及上门送小包茶试销等推销方式。当地人但凡喝过新昌大佛龙井的,都感觉味道很好,慢慢接受了新昌龙井茶,有的还喝上了瘾,一传十,十传百。就这样,杨富生在潍坊逐步打开了局面,生意越来越好,第二年大佛龙井销量超过了5万斤,烟山茶庄也扭亏为盈,在那里站住了脚。他们也在潍坊安了家,在那养育了一双儿女。

不折不挠　念好新昌茶的"品牌"经

在潍坊茶叶市场,开始时有好几家经销龙井茶,杨富生是销大佛龙井的第一人。经过他多年的努力,在潍坊,烟山茶庄的大佛龙井年销量逐年增加,到1998年,大佛龙井的销量超过了10万斤,年销售额在600万元以上,销售区域除了潍坊,还辐射到烟台、莱阳、青岛等地。在接

让大佛龙井香飘津鲁大地——记山东潍坊天津大佛龙井专卖店经理杨富生

受采访时，杨富生很自豪地说："记得1998年之后的几年中，从新昌到潍坊的大巴车的货物托运架上，春茶繁忙季节，每天几乎都是他从新昌发往潍坊的大佛龙井。"

杨富生靠着智慧和努力，在推销新昌大佛龙井的路上越走越宽广。2004年下半年，他又到北京、天津、石家庄等大城市考察茶叶市场，最后他选定了天津市。2005年4月，在天津市一商茶城烟山茶庄的连锁店——大佛龙井专卖店正式开业。天津的专卖店有100多平方米。天津茶城也是茶叶的销区市场，与潍坊茶市不同的是，茶叶的消费群体对茶叶的需求品

类更广，竞争也更激烈。杨富生采取的是品质上乘，薄利多销的营销策略，在天津也打开了大佛龙井的销路。

2012年他在潍坊中华茶博城购置了四间商铺，专卖店生意越做越大。天津和潍坊二家专卖店年销售大佛龙井在1 500万元左右。他深有体会地说：要做好做大茶生意，必须念好新昌茶的"品牌"经。

如何念好大佛龙井的"品牌经"，杨富生告诉我们："开始经销大佛龙井的头几年，消费者对大佛龙井的认知度也随着大佛龙井的知名度慢慢响亮起来，我们专卖店的销量也随之逐年增加。但龙井茶市场竞争也越来越激烈，有不良商人用不是原产地的、无品牌的龙井茶假冒"西湖龙井"和"大佛龙井"的品牌，价格更是无序的竞争。"杨富生说："面对无序的茶叶市场，消费者最需要的就是信得过的茶叶品牌，省得自己去费

心费力地甄选,可以轻松、放心地买到不坑人、不造假的茶。品牌之于消费者的意义,就像灯塔之于海上的渔夫,品牌,就是混乱市场中的一盏明灯。"

他还说:"消费者选择你的产品,是从认知开始的,尤其是销售茶叶,不能一次销售就可以了,要让客户回头再来购买你的产品,这样才能稳定销售渠道。因此一定要把握好产品的品质,要让消费者信赖你,就要长期坚持品质的一惯性,品质稍有差错,辛辛苦苦已建立起来的良好印象会逐步消弭。而这一惯性,就是要念好新昌大佛龙井的品牌经,这是做品牌专卖店的根本所在。"

念好"品牌经",这个过程也是最为漫长难熬的一段时光,需要有特别的耐心和涵养。杨富生深有感触地说:"大佛龙井的品质是无可非议的,要念好它的品牌经,就是要把我们新昌产茶的悠久历史和优异的自然环境,造就了大佛龙井的独特品质传播给消费者;还有就是要把我们大佛龙井价格虽然比西湖龙井低,但大佛龙井的品质却不低,告知给消费者。我们是薄利多销,我们是物美价廉,我们是货真价实,我们是值得信赖!不折不挠,坚持品质的一贯性,品牌经才能越念越好,越念越响,茶叶生意也会越来越好,越做越大!"

大佛龙井 造就他的成功人生

毫无疑问,当年杨富生走上经销大佛龙井的道路走对了,成功了。杨富生深有感触地说,青春时期他选择了经销大佛龙井,29个年头有苦有乐,有成功的喜悦,也有失败的悲伤!但他从不泄气,用他敏锐的头脑分析失败的原因,凭他精明的智慧整理思路,以他真诚的胸怀广交茶友,他打开了大佛龙井的销路,也打开了他人生的成功之路。

让大佛龙井香飘津鲁大地——记山东潍坊天津大佛龙井专卖店经理杨富生

经销茶叶并不像想象中那么轻松，29年与茶叶打交道，杨富生也付出了很多很多，现在我们看到的是他的成功，他的风光和风采。但杨富生和其他茶商一样，也经历过失败，经历过曲折。

杨富生觉得他自己经销大佛龙井成功了，但他也是从农村走出来的，他也是从贫穷走过来的，他要把家乡的茶叶销到大城市，他希望家乡的茶农富起来。2003年，他返乡在回山镇下宅村创办了"烟山绿地茶业合作社"，雇用了80多个农民工，手工炒制大佛龙井。做生意杨富生是高手，但对加工生产龙井茶缺少经验，当年他就亏损了6万元左右。杨富生并没有泄气。他生产加工的路没走通，那就继续发挥他的强项，做大生意，把家乡茶销出去。就这样，2005年他在天津开设了第二家大佛龙井专卖店。在天津一商茶城，他的专卖店是经销大佛龙井量最大的，近几年年销售额超过了潍坊专卖店，达到了1 000万元左右。

当我们问杨富生，你成功的诀窍是什么？他说："爱茶是经营之道！"他除了有一股不服输的劲头以外，关键他还有一位贤惠的妻子。不管他怎么做，她都会默默地支持，从不拖后腿；他经常在外跑采购跑业务，

新昌茶人

她起早摸黑守住店，凡走进烟山茶庄客户，很少从她手上跑掉，而且回头客越来越多；一双儿女都是她一手带大。现在儿子已成家，他们就把天津的专卖店交给了儿子儿媳经营。一家人都是以经营大佛龙井为业，其乐融融！

我们也问起，你们怎么看待"西湖龙井"和"大佛龙井"这两个浙江龙井茶品牌，怎么来赢得客户？杨富生告诉我们，这并不冲突，西湖龙井是浙江龙井的高端产品，购买者基本都是用来作为礼品茶。西湖龙井都是带包装并有正宗的防伪标识。我们推荐大佛龙井时，首先让客户品尝大佛龙井，让他们感觉到大佛龙井的香气口感并不比西湖龙井差，而且价格实惠。其实，我们大佛龙井也应该像西湖龙井一样，高端的产品应该统一标识、统一包装，让消费者能够鉴别什么是正宗的大佛龙井。现在我们新昌销出去的龙井基本以散茶为主，散茶没有"身份证"，也就是没有品牌，卖不出好价格！新昌人在外经销大佛龙井专卖店的已有100多家，我们了解到新昌县名茶协会已成功注册了大佛龙井的LOGO，统一了品牌的标识，并对精品茶实施了"五统一"管理，这是个好消息！

让大佛龙井香飘津鲁大地——记山东潍坊天津大佛龙井专卖店经理杨富生

我们寄希望于新昌的茶叶企业能够做大做强,也希望大家能够抱团做品牌!当然,我们在经销中,最关键的是要做到诚信,只有诚信才能吸引客户,才能赢得市场!

大佛龙井,造就了杨富生的成功人生。2019年,他担任了新昌县名茶协会的副会长,他从创业中收获了乐趣,在成功中获得喜悦和充实!每到茶香四溢的季节,在新昌回山的乡村、在"中国茶市",我们随时都可以看到他忙碌的身影。他已经习惯了身边有茶香弥漫,这让他觉得安心、快乐。

(陈 霞)

三十二年茶人生
——记新昌九九茶厂厂长杨杏生

杨杏生，新昌"中国茶市"新昌县九九茶厂门市部总经理，从事茶经销已有30个年头。2015年，曾看到过有关杨杏生的一篇题为"敢为人先，不断创新"的报道。报道中写道：1999年1月，杨杏生获得"浙江省优秀农产品购销大户"称号，当年他敢想敢为，闯劲十足。现在，虽接近花甲之年，除了增添了成熟老练外，依然敢为人先，在名优茶经销道路上，曾创出了"五个"第一。

带着一股好奇和敬畏，我们走进了杨杏生在"中国茶市"的商铺——新昌县九九茶厂门市部。

敞亮的两间店堂，摆满了各种包装，杨杏生正在店内的办公室整理资料。看到我们进去，他笑盈盈地站起来，泡茶接待了我们。看上去，杨杏生虽然已两鬓斑白，但仍然精神抖擞，思维敏捷，谈吐自如，给人一种亲切温和，精干爽直的感觉。

杨杏生告诉我们，1993年他就开始从事茶叶返销营生，1994年4月新昌县人民政府在老104国道旁边创建"浙东名茶市场"时，他就是市场第一批茶商之一，那时他才36岁。屈指一算，从事茶叶经销已有32个年头了。

敢吃螃蟹，从经营家具到经营茶叶

杨杏生说，他是回山镇官元村寒庄自然村人。1977年，他20岁那年，就外出到江西、福建等地以锯木头谋生。1988年，他已在外闯荡了11年，这11年，不但磨砺了他吃苦耐劳的精神，也让他积累了经营生意的能力，他用挣到的钱，回到家乡，做起了家具生意，也是当年回山少有的万元户。20世纪90年代初，回山人开始炒制龙井茶。1993年，杨杏生看到茶农炒龙井茶的慢慢多了起来，可卖不掉放在家里是个问题，另听说杭州西湖转塘有个茶叶交易市场，龙井茶在那里还是抢手货，他以他生意人的头脑，即刻转行做起了龙井茶的返销生意。这一年的春茶旺季，杨杏生每天往返于回山和杭州转塘的茶叶市场，虽然辛苦，但他觉得一方面帮茶农卖掉了茶叶，他也挣到了钱；另一方面，也让他慢慢掌握了品鉴龙井茶的品质等级的技能。1994年4月，县政府创办了"浙东名茶市场"，他在市场开起了"峰芽茶叶经营部"，成为浙东名茶市场第一批茶商。因为他已经有了一定龙井茶经销经验，第一年他就成为市场内的经销大户。

1995年，杨杏生在经营中明显感觉到，龙井茶的保鲜问题是做绿茶生意的一个瓶颈。名茶市场100多个经销户基本都是缺资金缺技术、小打小闹的小商贩，他们都是采用传统的收灰方法来保存龙井茶。而杨杏生敢于创新，第一个在市场建起贮藏龙井茶的冷库，推出低温冷藏保鲜保质法，贮藏量达10多吨，既解决了他自己龙井茶的贮存，又帮助解决了市场内一些大户存量龙井的保鲜贮藏。第二年、第三年，一些经销大户纷纷效仿杨杏生，相继都建了茶叶冷藏库，基本上解决了全市场尚未出售的春茶冷藏保鲜，保障了名茶不变色、不变质。

注册品牌，率先到天津开设直销窗口

1995年，杨杏生就从市场上捕捉到信息，茶叶要做大做强，和工业品一样，必须要有自己的品牌，就立即申报注册了"峰芽"商标，也是市场上注册商标较早的一家茶企。

1998年，随着浙东名茶市场交易量的增加，大佛龙井的销量也随之拓展到全国各大城市，杨杏生的年经销额已达到了500万元，也积累了一些资金。但他并不满足于现状，以他对市场的敏锐嗅觉和敢为人先的胆略，他只身到全国各大城市的茶叶批发市场进行考察调研。随后，他率先在天津、济南、江都、苏州开设了四家直销店，经过两年的探索，他感到直销点多分散精力，管理难度较大，就果断关掉了苏州、济南、江都这三家分店，选择保留销量较大的天津市分店，集中精力，主打大佛龙井品牌。1999年1月，他被评为"浙江

省优秀农产品购销大户"。

此举，不但成为众多茶商中到外地开设直销窗口的第1人，也为其他经营户到各城市开设直销店作了表率。尤其是县政府觉得到大城市开设大佛龙井直销店，是促进大佛龙井发展的良好举措。随之，县政府出台了到外地大中城市开设大佛龙井专卖店给予资金补助的政策。至今，此政策仍然在延续，并且增加了补助额度，全国已有大佛龙井专卖店（柜）400多家。

杨杏生在天津市开设的大佛龙井专卖店，销量逐年增加，从2008年开始，年销售额均在500万元以上。杨杏生说："近三年在新冠疫情肆虐的情形下，这家专卖店仍然保持着稳定的销量，是天津市场大佛龙井销量最大一家专卖店。"

当我们问起杨杏生，当年你是怎么想的，胆敢率先到外地开设直销店。他笑呵呵地说："任何事都要有人敢去摸索敢去做，才会知道可不可行，当然我也是一方面有了一定的资金积累，另一方面也是我不满足现状的性格，想做的事经过深思熟虑，我肯定要去尝试。现在，天津这个窗口是我这几年稳定销量的重要窗口，很多北方人对茶叶的消费习惯、偏好等信息，都是从这个窗口反馈给我的，我根据消费者的需求，生产加工适销对路的产品，做到了以销定产，"峰芽"牌大佛龙井的声誉不断提高，销售渠道与销售区不断扩大，已销往江苏、山东、天津、上海等 6 个省市。2008 年以来，销量年年上升，年产销茶叶 6 万多千克，其中大佛龙井 4.5 万千克，天姥云雾、天姥红等 1.5 万千克，销售总额 1 200 多万元，销量与销售额均列"中国茶市"茶商的前茅。

不甘现状，开办茶叶包装厂延伸产业链

1995 年，大佛龙井刚刚起步，龙井茶包装的袋与盒，都采用杭州产的包装，以致造成了新昌产的龙井茶为他人作嫁衣的现象。1996 年，杨杏生又以他敢吃螃蟹劲头，创办了第一家印制名茶包装厂。没有厂房设备，他租下市场内的空余房，购进设备；不熟悉这行业务，他聘请这方面的专业人才；为展现新昌名茶的包装风格和特色，他广泛征求茶叶专家和客户的意见。一年的时间，他获得了成功。第二年，在他的带领下，市场内另有两家茶商也创办了名茶包装厂。从此，新昌名茶有了自己的包装盒，解决了广大茶叶经营散户包装品的需求。杨杏生的包装厂规模从小到大，包装盒款式从少到多，发展到现在他已经拥有 1 200 平方米的厂房，印制包装的设备齐全，包装品式样既有软包装又有礼盒装，年生产名茶礼盒 15 万套，其中礼盒装式样有五十多款。既满足了本地茶商的需求，还外销省内宁波、绍兴、台州等 10 多个县市以及远销到天津、厦门、太原等地。包装品的生产加工已成为九九茶厂的第二产业。

敢为人先，创办龙井茶初制加工拼配厂

杨杏生不但敢为人先，他还不断努力学习茶叶的炒制、品鉴等技能，他也是茶商中最早获得高级评茶员职称的，经过几年茶业商海的磨砺，已成为经销龙井茶的行家。但他感到大佛龙井虽然品质优良，却卖不出一个好价格？他发现，在收购中由于农户都是一家一户加工，茶树品种又多，收来的茶叶色泽绿黄差异较大、外形茶芽长短不一，不但难以拼配，更是卖不出好价钱。为解决这一问题，2005年，他又率先建起了峰溢茶厂（九九茶厂前身），进行收青加工；2006年获得了QS认证书。2007年随着加工规模的扩大，他将加工厂搬到他的家乡，茶主产区——回山镇，建造了700平方米的收青加工厂，并引进新昌县创制的摊青机两台。他请来了龙井茶的炒制能手，经过反复摸索、不断改进，终于加工出了均匀整齐的高质量龙井茶，不但深受采购商的青睐，也提升了高端龙井茶的价格，更是解决了茶农既要采茶炒茶又要卖茶，过度劳动的困苦，尤其是解决了茶农缺乏炒茶技术的难题，达到了双赢的目的。杨杏生办厂的经验被同行赞扬并学习，现在到茶产区收青加工的茶商已有10多家，对提高大佛龙井品质和品牌的知名度，促进新昌茶产业的进一步发展起到了推动的作用。

由于率先办起了龙井茶初制加工厂，使他的龙井品质优良很稳定，也稳定了客户，他供应给全国的茶商一直保持在20多家，他们分别来自江苏、山东、上海、天津、山西等各大城市。2019年，他入股广盛昌，成为广盛昌的龙井茶供应商，年销售额200万元以上。

在交谈中，当我们问到：近三年，新冠疫情肆虐，给茶叶市场带来了诸多不利，你是如何保持这么多家供应商的。杨杏生乐呵呵地说："一

是以他做生意的诚信,用双赢的理念维护客户群;二是他做好茶叶的品质。"但随着他的信誉度提高,他自己加工拼配高质量的龙井茶,远远不能满足客户的货源需求。他就引导炒制技术好的茶农,把茶叶的品种归类,在采摘、炒制的技巧以及外形色泽上给予指导,并以高价订购他们炒得好的高端龙井茶,以优质优价拉开了茶叶的档次,这么多年来到他的门市部投售的茶农也一直保持在50户以上。说到这里,杨杏生很自豪地说:"全县18届的龙井茶炒制大王,有八九个茶王炒制的高档龙井茶都是他订购的。"

2003年,九九茶厂门市部被新昌县授予"无公害茶叶销售窗口";2007年,"峰芽"牌大佛龙井获得第七届"中茶杯"特等奖殊荣;2013年,杨杏生再次被评为"浙江省百名优秀农产品经销商";2014年,九九茶厂获得"新昌县农业龙头企业"称号;2020年,九九茶厂被新昌县名茶协会授权"大佛龙井农产品地理标志"主体单位。

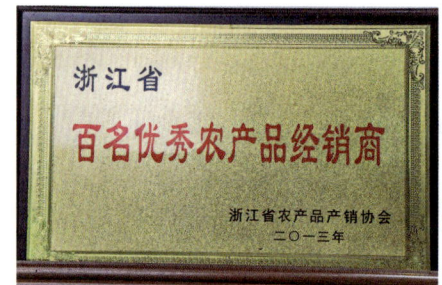

三十二年茶人生——记新昌九九茶厂厂长杨杏生

最后，我们问杨杏生，这32年的茶人生，你最大的收获是什么？杨杏生沉思了一下，很自信地说："也没什么，在这一行一干就是30年，能坚持到现在，不只是挣到了钱，而且有了自己的茶品牌、自己的茶门店、自己的茶厂、自己的茶包装厂，其中的艰辛也是很难用语言来表达的，最大的收获就是我这30年的茶人生是充实的，一路走来，有甘甜、有喜悦、有坎坷、有成功，为我积累了丰富的人生经历！"

（陈　霞）

以茶致富的领路人
——记全国劳动模范、新昌县镜岭镇外婆坑村党支部书记林金仁

山上茶园片片，山下溪水潺潺，炊烟袅袅。镜岭镇外婆坑村的标签有很多：江南民族村、"外婆坑牌"龙井、玉米饼……而这些"标签"的背后，一定会让你想起一个人，他就是外婆坑村党支部书记、村委会主任林金仁。正是在他的带领下，一个穷得叮当响的"光棍村"，摇身一变成为人人称道羡慕的"富裕村"。

外婆坑，位于新昌县镜岭镇，地处新昌、东阳、磐安三地交界处，村庄周围群山环抱，距新昌县城45千米，是一个80户人家的小山村。20

以茶致富的领路人——记全国劳动模范、新昌县镜岭镇外婆坑村党支部书记林金仁

世纪90年代初,该村经济状况十分落后,人均收入只有不足百元,在浙江省贫困村中垫底。

"开门就是山,出门就爬坡,看看面对面,走走老半天""新昌有个外婆坑,有囡不嫁这条坑""三餐吃的六谷羹,干活行路是牛耕,缺钱缺粮缺姑娘",80户人家就有40条光棍,被称为"光棍第一村",这是30多年前外婆坑村的真实写照。

担任村支书　修建创业路

1990年,在东阳闯荡多年的"箍桶匠"林金仁被村民推选为村党支部书记、村委会主任。

若要富先修路,这是脱贫的第一步。那里的村民告诉我们:当时的外婆坑村自然条件非常差,山里山,湾里湾,不通公路,几乎与世隔绝。外出只有两条路,一条是相当难走的"打石路","打石路"是石匠在陡峭的岩石壁上凿出的20厘米宽,60米长的"鸡肠道",一面倚着峭壁,一边临着溪坑,十分难行,一到下雨天,路就被淹了,根本没办法过去;一条是需要翻山越岭,可通往镜岭镇17.5千米,来回步行8小时的羊肠

小道——"五岗路",小时候,我们花一天时间挑一担柴去镇里只卖2元。生活在这里的村民尝尽了"手提肩挑,爬山过岭"的苦头,天天盼着能修一条路。

修通公路、走出大山,就是当时外婆坑村的梦想。可是,村里一分钱都没有,修路所需的这几百万元钱怎么办?林金仁上任后,做的第一件事便是修一条通村公路。为筹集资金,林金仁一年跑了86趟县城,跑破了三双解放鞋。林金仁告诉我们,当时交通很不方便,县里有关部门工程技术人员来村里测绘,村里真的是太穷了,没有钱招待,他就发动村民,每户拿出5个鸡蛋、5斤洋芋、2斤黄豆,给测绘人员作为伙食。也就是这份真诚感动了有关部门,他们纷纷伸出了扶贫援助之手,想方设法筹集了2 000元作为启动资金。

之后,林金仁带领全村男女老少,起早贪黑赶工,饿了就吃自带干粮,渴了就喝山泉水,克服种种困难,加班加点劈山架桥。恰逢时任浙江省省长沈祖伦翻山越岭20多千米到外婆坑村调研,为外婆坑村的劈山造路带来了精神和物质上的鼓励,留下了为人津津乐道的"省长沈祖伦九上外婆坑"的扶贫佳话,留下了绍兴市委书记陈礼安12次到外婆坑的帮困故事。1992年8月18日,外婆坑这条总长1.4千米、大小桥梁8座、耗资600万元的致富路全线竣工。这条路为外婆坑村丰富的土特产和众多的农林产品运出山外打下了坚实基础。

种植名优茶 一片金叶脱贫

光有路,并不能改变外婆坑村贫穷落后的面貌,必须找一条适合外婆坑发展的路来走。

林金仁带领村两委班子经过多次讨论和分析,觉得外婆坑村,山清

以茶致富的领路人——记全国劳动模范、新昌县镜岭镇外婆坑村党支部书记林金仁

水秀、纯净天然、土地肥沃，有16 500亩山地。山雪岗高峰810米，不适合种植粮食作物，但外婆坑从1662年开始搞烘干茶到1762年开始搞珠茶，有产茶的悠久历史。他们因此确定了"扬长避短，靠山吃山，发展名优茶"的脱贫思路。

林金仁回忆着当年的情景说："当时，我们村的珠茶只卖2元一斤，而西湖龙井卖36元一斤。"1990年，他挨家挨户做工作，动员村民种植龙井茶。经过他苦口婆心地讲解，终于有20位青年愿意参加名茶炒制培训，他们每天起早摸黑步行到乡里参加培训，初步掌握了龙井茶的炒制手法，炒好的龙井茶到市场上身价倍增，这让村民们大开眼界，迅速都转变了思想。于是，1992年，林金仁带领村民向荒山要效益，开始大面积种植茶叶，在全县率先开始实施茶叶"圆"改"扁"的产业转型。但要改变村民传统思想也很难，林金仁感慨万分地说："当年，他从外地引进10万株名优茶，挨家挨户免费送给老百姓种，并请县农业局的茶叶技术专家到村里举办种植技术、病虫害防治、炒制技术等培训班。"经过近十年的发展，外婆坑村不再是吃了上顿无下顿，一年全靠国家救济的贫困日子，老百姓基本解决了温饱问题。

但这不是林金仁想要实现的最终目的,他不但要让村民脱贫,更要让村民致富。发展名优茶的过程中,他发现,名优茶各家各户炒制,品质不稳定,打不开市场;茶农单打独斗售卖,形不成品牌,卖不出好价格。

于是在2003年5月,林金仁动员全村510个茶农社员,凑钱成立了"外婆坑有机茶合作社",注册资金300万元,这是新昌首家合作社。2005年又投资50万元新建了名茶炒制规范化示范点,并对全村的茶叶加工实现统一采摘、统一收青、统一炒制、统一包装、统一销售。茶农实行"五统一"管理后,质量稳定性也提升了,加上外婆坑优美无污染的自然环境、810米的海拔、沙性土壤造就了外婆坑茶独特的品质。接着,他们又成功注册了自己的品牌——"外婆坑"大佛龙井,远销深圳、北京、上海、杭州等大中城市。林金仁骄傲地告诉我们:"每到春天茶香四溢的季节,外婆坑生产的大佛龙井是'皇帝女儿不愁嫁''酒香不怕巷子深'的抢手货。

现在,全村茶园面积由1991年的96亩增加到如今的1 500亩,茶叶总产值由原来的2万元增加到1 200万元,农户人均收入由86元增加到56 560元,茶叶成为外婆坑村民增收致富奔小康的重要经济来源。一举摘掉了贫困村的帽子。

以茶致富的领路人——记全国劳动模范、新昌县镜岭镇外婆坑村党支部书记林金仁

勤恳履职　带领村民致富

一片茶叶让外婆坑脱贫致富，"村民富裕了，比什么都重要。"这是林金仁最大的心愿！林金仁并不满足于现状，茶叶虽然卖价高，但季节性强，"一季采茶、三季做工"是不少村民的常态，能不能让村民待在村里就赚钱？

林金仁开始寻找致富新路子。他觉得，外婆坑村有良好的生态环境，也有保存完好的古老建筑，是原汁原味的古村落。13个民族（因外婆坑脱贫前生活穷困潦倒，是有名的"光棍村"。壮劳力到云贵川修建公路时，从那里带回不少少数民族的媳妇）聚居的传统村落，发展乡村旅游的前景非常之广阔。

林金仁带领村民发展"吃农家饭、住农家院、观自然景、赏民族风情"等特色的农家乐乡村旅游；打造集"丹霞风光、古村风貌、千年风俗、镜岭风物、民族风味"于一体的江南民族村；以其特有的"IP"开发特色餐饮、传统节庆、节点景观、文创伴手礼等文旅衍生产品。2009年，外婆坑村成功申请为长三角世博主题体验之旅示范点；2012年，外婆坑村旅游集散中心正式营业。旅游路线可连接大佛寺，穿岩十九峰，形成旅游一条线。

外婆坑村茶乡游知名度越来越响，上海、杭州、宁波等大城市的游客纷纷慕名前来，林金仁又带领村民开发"镜岭味道"系列文创产品，玉米饼就是外婆坑最受欢迎的文旅衍生伴手礼。林金仁深有感触地说，"玉米饼成本低、产量大，若是需求量大，收益不少。"刚开始村民不乐意，认为没市场、没收益。村两委就想尽办法做农户工作，他们对村民说"自己吃吃没有钱，是次品；卖到市场上收2元，是精品；做好品质，卖到北京就是贡品"。在村干部的动员下，村民尝试着做玉米饼，最开始做的玉米饼不好看也不好吃，做起来费劲又不好保存，他们就一遍

遍试、一次次改，现在的玉米饼又薄又脆，深受市场青睐。凡到外婆坑的游客都会带上一大包回城。外婆坑，把当年用于充饥的玉米羹开发成玉米饼，把少数民族风格体现到帆布袋等产品上，年销售额达到600万元，一张张金色的玉米饼做出了大市场。

如今，外婆坑搭上了县里大力发展乡村旅游的东风，一路风光一路情的"江南民族村"已发展为外婆坑全域旅游独一无二的文旅"IP"。拥有十三家特色石房民宿、一条古老美食文化街、六百多件明清年代古董、一群少数民族风情表演队等旅游资源。一个小山村已经成为山美水清茶香、宜居宜游宜闲的旅游度假胜地，一条集观光、休闲、旅游、体验于一体的旅游金名片成为带动外婆坑村致富的又一捷径。

以茶致富的领路人——记全国劳动模范、新昌县镜岭镇外婆坑村党支部书记林金仁

2016年，外婆坑村被评为全国生态文明村、中国美丽休闲乡村。2017年，外婆坑村成功创建为AAA级旅游村庄。2020年，外婆坑村被评为全国森林村庄、全国文明村、全国乡村旅游重点村、国家AAA级旅游景区。2021年尽管受新冠疫情影响，仍接待游客25万人次，创收约2 000万元，村民人均收入达到56 560元。由此也获得全国脱贫攻坚集体荣誉。

林金仁自1990年扔掉箍桶担回村任支书，34年的坚持与付出，任劳任怨挑着村庄发展的重担前行，在他的带领下外婆坑村实现了从省级贫困村到全国乡村旅游重点村的完美蜕变。2014年4月他获得了"全国劳动模范"的光荣称号。

外婆坑的脱贫、外婆坑的发展、外婆坑的致富，村民们都会异口同声地说："我们有一位勤勤恳恳为百姓办实事的好支书，我们有一位勇于担当、乐于奉献的"领头雁"，我们有一位勇于创新、以茶致富的领路人！"

（陈　霞）

茶让他的人生充满了活力

——记新昌茶人周焕忠的创业史

自20世纪90年代末开始，随着新昌大佛龙井茶产业的迅速发展，新昌有很多茶农跳出新昌，到北京、上海、山东、河北、江苏、广东等省份大中城市开设大佛龙井专卖店。新昌茶界也众所周知，在西安有一位新昌人卖茶20多年了，茶生意做得很大，他叫周焕忠，是新昌镜岭镇建国村人。

2023年2月底，笔者乘参加在咸阳召开的全国茶业经济年会之际，联系了这位新昌茶人。在西安机场他专程赶来接机，见面给我的印象，他留着一个很时尚的发型，笑嘻嘻的一口新昌普通话。他说2023年的新茶陆续开始上市，他正在忙碌到产茶区订购新茶的事，听说家乡有人要到咸

茶让他的人生充满了活力——记新昌茶人周焕忠的创业史

阳开会,他昨天从茶区特意赶回来迎接我们。

在咸阳和西安的三天中,我们和周焕忠聊得比较多,他为人很憨厚耿直,也不太善于言谈,但聊起如何做茶叶生意他却是滔滔不绝。

因为太穷,他要闯天下

他说,他的家乡建国村,是原来的安山乡,是新昌最穷的一个山区乡。因为山的坡度大,土壤不适合种粮,虽然村里有些土地但不能种粮。在计划经济年代,村里人全年靠吃国家返销粮生存,经济来源靠将山上的茶树采炒成几元一斤的珠茶谋生,温饱问题都解决不了,家家都是贫困户。那个年代村里的强劳力,基本上都跑到江西修路挣点辛苦钱,养家糊口,维持生活。他们家兄弟多,也是过着能吃饱饭就感到很幸福的日子。

在20世纪80年代末90年代初,为了脱贫,县里动员茶农开始茶叶品种"圆改扁"的结构调整,村里炒龙井茶的人多起来了。周焕忠那年21岁,也在村里学习炒龙井,手艺学到了,但炒出来的卖出去也是个问题。开始他也和其他新昌卖茶的人一样,到杭州、上海、山东、江苏、安徽等地去开店卖大佛龙井,这样两年的经历让他感觉到,都挤在这些省的大城市，面对同样的客户，你争我夺，生意很难做，必须另辟蹊径。他有了大胆的想法，到西北地区去看看，就这样他把西北的几个大城市走了个遍，考察的结果是西北人都喜欢喝茯茶、普洱茶和红茶，开茶店的也都是经销这些茶类。

周焕忠以他商人灵敏度的嗅觉，感觉到，"喜欢喝茶的人肯定会喜欢上绿茶，也会喜欢上新昌的大佛龙井，因为我们家乡的龙井茶生长在高山，海拔较高，香气浓郁，滋味甘醇，只要喝过都会上瘾的"，周焕忠一脸自信的表情诉说着他初来西安时打开大佛龙井销路的经历。就这样，他和他老婆一起在西安租下了商铺，开设了"小周大佛龙井专卖店"，开始了他在西安的茶天下。

因为有苦，才能磨砺自我

我们常听人说：好茶总是先涩后香，人生总是苦中藏乐。先甜者，往往后苦，先苦者往往后甜。这些话，也正是周焕忠的人生写照。

周焕忠夫妻，虽然在西安租下了店铺，开张营业，但生意并非如周焕忠所想的那么顺利。在西安这块人生地不熟的地方，首先要招揽顾客。老婆守店，周焕忠不分昼夜、马不停蹄地奔波在西北地区各大城市的茶市茶店，推销大佛龙井。周焕忠聊起这个过程时，他深有触动地说："头二年推销大佛龙井，人家都不知道大佛龙井，也不认可大佛龙井。"加上他是一口带有浓浓新昌乡音的普通话，西北人都听不太懂，但看他一脸诚恳憨厚的样子，也都会留下他送的大佛龙井茶样，帮助他推销大佛龙井。创业的开始是艰难的，在外奔波，饿了，面包就着矿泉水充饥，累了，就在来回的客车上打个盹。在周焕忠推销大佛龙井的过程中，也让他更进一步了解了西北人对茶的各种喜好和消费水准。他就根据西北人

茶让他的人生充满了活力——记新昌茶人周焕忠的创业史

的特点和偏好，购销适销对路的大佛龙井和其他茶类。就这样，周焕忠不惧艰难困苦，在西安慢慢打开了销路。他说，头两年，虽然艰辛，但并没有亏损，这让他信心倍增。

聊到这里，周焕忠告诉我们，在又苦又甜的茶里，可以领悟到生活的本质和哲理。人生如茶，不会苦一辈子，但一定会苦一阵子。所以，苦不是坏事，是考验是磨砺，更是完善和丰满自己的一个必需的过程。

也是这艰辛的磨砺，让他摸索出了经销茶叶的经验：要赢得客户，除了诚信为本以外，关键还是要有受市场欢迎的好品质的茶类品种。当我们问起，我们到你的店铺，看你不但做大佛龙井，也在经销其他茶类。周焕忠笑着告诉我们，这也是我在西安创业过程中的一个挑战和磨砺。刚到西安经销茶叶，我只经销大佛龙井茶。龙井茶是绿茶也慢慢被西北人接受，但绿茶的季节性太强，上半年忙碌后下半年就呈现了淡季，我是在西安的大城市开设茶叶批发销售，在销区，经销单一的龙井绿茶，生存不成问题，但要吸引更多的客户，让客户到他的店铺购进龙井茶的同时也能购销到他们需要的茶类，给他们提供方便的同时也能减少他们的成本，只有这样，才能不断地扩大我的客户群体，才能使我的生意越做越大。

"我来自大佛龙井茶的主产区"，周焕忠接着告诉我们，在他出外做生意前也掌握了龙井茶的一些基本知识，但对普洱茶、白茶、红茶和陕西茯茶却是缺乏了解，几乎一窍不通。周焕忠笑着说："但我有一股不服输的劲，不懂没关系，只要功夫深，铁棒磨成针，这句话是上学的时候老师总教导我们的，我跑普洱茶产区拜师学习普洱茶的工艺，到白茶产区了解白茶的特点，到四川、到湖南、到福建、到贵州等产茶区学习不同茶类的知识和技能。一年之中没给自己一点空闲，一年四季都奔波在不同的产茶区。"

2017—2022年，周焕忠在西安市又开设了2家连锁直营店，也连续在陕西、福建、云南开设了3家经销茶叶的公司，规模不断扩大。现在，周焕忠的年茶叶经销额已近4 000万元。他不但是西北市场经销大佛龙井量最大的经销商，也是西安茶叶市场经销量最多的茶商之一。

2023年5月，"小周茶叶品牌集合部"与"新昌县群星茶业有限公司"牵手达成战略合作协议，在"小周茶叶经销公司"的连锁店，开设"百鸟峥茗"牌大佛龙井销售专柜，开始迈出了大佛龙井企业品牌的营销模式，对提升大佛龙井品牌的标准化以及品牌价值将起到有力的推动作用。

茶让他的人生充满了活力——记新昌茶人周焕忠的创业史

因为要赢　必须抱团创新

生活就是这样，由于热爱工作，就能忍受寂寞。生命就是这样，由于自我锤炼，就能跨越枯燥。人生就是这样，由于打动自己，就能全情付出。

周焕忠闯天下的经历，让他懂得了，要做成一件事，不但要用心去做，更要用情去付出，才能达到你想要的目标，才能实现人生的目标。他的生意做大了，但面对竞争激烈的茶叶市场，如何才能稳定发展，尤其2020—2022年三年受新冠疫情影响的消费市场，茶叶市场经销量受到冲击。周焕忠开始思考他的营销方式，夫妻开店，能过上一般较宽松的日子，但不能走得更稳更远。尤其进入社会后的年轻一代，常因为个人的得与失，以及对美好生活的追求难以实现而产生焦虑。周焕忠说，现代的年轻人追求的利益更直接更讲实惠。为此，周焕忠决定改变原来的雇佣关系，创新经销模式，让来他公司工作的员工都拥有经销股份，除了固定的工资和销售提成以外，让他们投资一定的资金，把公司的利益和员工的利益紧密地捆绑在一起，让他们不但有稳定的收入，也让他们享受经销的红利。

这个新的经销模式实施后，周焕忠的公司明显提升了业绩，员工由原来的被动打工到主动出力创业绩，从求稳收入到创绩增收的努力工作。在新冠疫情冲击下的茶叶市场，周焕忠公司的销售业绩不但没有下降，反而逆势而上创出佳绩。用周焕忠的话来说，要想多赢，必须抱团，要想稳赢，必须根据不断变化的市场趋势，创新营销手段，共赢是现代营销的趋势和方向。

周焕忠在西安经销茶叶已经整整20年了，他也由青年迈入了中年，儿子在西安出生也在西安成长，现在在加拿大留学。聊到这里，周焕忠深有感触地说，他吃过的苦只有他自己知道，但苦中有乐，苦中有情，苦中有甜！这个乐，是他创业虽苦，但苦结成了果，是茶让他的生活充实而有意义；这个情，是他人在异乡，虽在陌生的城市，但是"茶"为他和陌生人之间搭起了一座友谊的桥梁。无论是否相识，在饮茶的"推杯换盏"间都能结下情谊。高朋满座茶香四溢，情谊跃然于茶杯中，喝茶交友远比酒肉朋友来得真诚；这个甜，是他有一位贤惠美丽善良的老婆，老婆是他家乡邻县邻村的一位姑娘，当年嫁给他没有嫌弃他家的贫穷，他要到西北创业，她不但鼎力支持，还毅然相伴在异乡与他一起吃苦一起创业，从没有半句怨言和丝毫牢骚，周焕忠很知足也很幸福！

是茶，练就了他过人的机智和敏感；是茶，丰富了他的人生经历；是茶，让他的人生充满了活力！

（陈　霞）

从餐饮人到茶人，苦乐悠然中
——记新昌茶人吴红云

人生是一本书。有的写得精彩，有的写得平庸；有的写得平顺，有的写得曲折；有的留下光彩，有的留下遗憾；有的留有思考，有的只剩空白！

而今天我们要写的是一位从餐饮人到茶人的故事！他的人生虽不精彩，但也不平庸；他的人生不但没有遗憾，而且给我们留下思考！

回乡创业只为一杯好茶

吴红云，新昌县鼎鸿家庭农场、新昌县罗坑山生态茶业有限公司掌门人，是新昌茶界的一位新茶人，也是一位从餐饮人蜕变为茶人的农创客。

吴红云，1978年出生，新昌县儒岙镇人，1996年毕业于浙江省旅游学校。他学的专业是酒店烹饪管理，毕业后在绍兴的一家五星级酒店从事厨师工作。几年下来，吴红云刻苦好学让他掌握了较好的西餐厨艺，他精通各种烹饪技艺和许多年轻人一样，不甘平庸，初生牛犊不怕虎，2000年，年仅23岁的吴红云，怀揣着对美食的热爱与执着，在绍兴柯桥创办了一家西餐厅，繁忙的都市中，他创办的西餐厅以其独特的魅力和风味，赢得了消费者的口碑。

一个人的能力，是随着他的阅历和在生活中磨炼逐渐成长和积累的。吴红云在外从事餐饮业19个年头，经历了餐饮的风起云涌，品尝了创业之艰难。但餐饮人的经历丰富了他的人生，也让他对生活有了许多独特的理解。听从命运安排的是凡人，主宰自己命运的才是强者；没有主见的是盲从，三思而行的是智者。

吴红云生于农村、长于农村，对农业、农村天然亲近。从事多年餐饮事业后，渐渐发觉新昌县山区发展茶产业潜力很大，回乡投身茶业的想法在他脑海中日益增强。

也许是命运的安排，也许是老天给了他主宰命运的暗示。2014年春季，吴红云回家休假，偶然在自家茶园发现了一株形貌特异的黄化茶树，好奇之下制成干茶品尝，随着独特的香气、出众的滋味浸入口鼻，一幅新昌黄化茶开发蓝图瞬间在他脑海中展开。他发觉，自己内心深处对茶的热爱与向往，远比西餐来得更加深沉，回乡投身做茶人的热情再也难以抑制。吴红云毅然决定放下在外的餐饮事业，回乡做一名新型职业农民——新茶人，开启了一段全新的茶人旅程。

然而，自主创业的道路并不是想象当中那么平坦和顺畅。从餐饮人

从餐饮人到茶人，苦乐悠然中——记新昌茶人吴红云

到茶人，不仅仅是资金的问题，更重要是行业的跨度大，一切都得从头学起。吴红云虽然从小在农村长大，对茶叶并不陌生。但要做一个茶人，光懂经营还远远不够，还得掌握茶园培育、加工炒茶、茶质品鉴等每个环节的技能。

吴红云明白，做茶也和餐饮一样，没有做不好的茶，只有没有做好的茶。为此，自从事茶业开始，他就到浙江大学茶学系、中华供销合作总社杭州茶叶研究院拜师求教，请专家实地指导。为了掌握茶叶生态管理技术，还积极参加浙江省、绍兴市、新昌县有关茶园生产和管理的技术培训班及新型职业农民培训班进修茶叶知识。

吴红云投资近 60 万元，购买制茶设备，在自己 200 平方米的房屋，办起了茶叶加工小作坊，开始了他的茶人创业之路。他在茶叶专家们的传授下，从一棵稀少珍稀的黄化茶树扦插培植扩种到 60 多亩，从制作一斤天姥金芽黄化茶扩大到年产 1 000 斤以上的高档好茶。经多方茶研专业机构审评品鉴，黄化茶是新崛起的茶树新贵，这些茶树品种在一定生态环境条件下，嫩叶稍明显黄化，其成品茶的氨基酸含量明显升高，滋味更为鲜爽，为茶中珍品。黄化茶的氨基酸含量比一般绿茶要高出 4～5 倍，具有滋味鲜嫩甜香，甘爽醇厚，汤色黄亮的品质特性，深受广大消费者青睐。

跨行做茶的 6 年时间，让吴红云逐渐完成了从西餐大师到新茶人的华丽转身。

匠心打造一杯有高度的茶

自家村里的茶园和自家的茶叶小作坊，是吴红云返乡创业的起步，他创业的远大目标是"用匠心打造一杯有高度的茶"。

六年的茶人经历，让吴红云深刻体会到：餐饮是用心的艺术，每道菜都是精心创作，用美味佳肴传递人情味、温暖顾客的心灵；而茶人不但要用心而且更要有情怀，将一片片叶子精心制作成一杯好茶，用扑鼻的香气、甘爽的滋味传递茶香带来的惬意，让品茶人感受不一样的生活体验，感受那份来自心灵的宁静与升华，陶然其中，回味无穷。

2020年12月，吴红云获悉新昌县内海拔最高的生态茶园正在对外承包，小将林场罗坑山生态高山茶园面积有200多亩，他当即邀请了浙江大学茶学系、浙江省农业农村厅和新昌县茶叶站的专家教授上罗坑山现场勘察调研，专家们充分认定，罗坑山生态茶园，具备生产精品茶叶的水、土壤、空气三要素，是典型的高山生态茶园，更是能制作一杯有高度好茶的基地。在专家们的指导下，他毅然承包了罗坑山生态茶园，并成立了新昌县罗坑山生态茶业有限公司。

从餐饮人到茶人，苦乐悠然中——记新昌茶人吴红云

罗坑山生态茶园地处新昌县六大茶山之一，位于小将镇内，是省级有机茶基地。罗坑山森林公园已被列入省级森林公园，以"林茂、树古、泉清、竹修"为主要特色，是集茶旅、避暑、健身、科考为一体的综合性森林公园。茶园分布在海拔820～960米的高山，是新昌县境内海拔最高的茶园。全年云雾缭绕，生态环境良好，200多亩茶园全部开垦于森林，没有农业种植史，土壤洁净肥沃，一行行茶丛碧绿如染，一层层茶山连接云天。

承包了罗坑山生态茶基地后，给吴红云最大的压力是制作工艺的转型和提升，因为罗坑山茶园的海拔均在800米以上，产茶的季节比大多茶园要推迟20多天，只适合制作高山云雾茶。吴红云刚刚掌握了龙井茶工艺和烘青茶的工艺，而云雾茶制作工艺对吴红云来说又是一门新的工艺，又是一个新的开始和新的挑战。

吴红云身上那股刻苦好学，勇于探索，敢于创新的劲头，让他迈上新台阶。他投资100多万元，立足茶园自身资源禀赋，充分发挥茶园生态优势，实施加工标准化、产品品牌化，做好品质，努力打造新昌县"一杯有高度的茶"。经过几年改造提升，罗坑山生态茶园，茶树品种结构不断优化，茶园管理水平显著提高，茶叶加工基本实现机械化、自动

化，产业链整体水平得以提升。罗坑山的天姥云雾茶，外形紧细、色活、有白毫，香气出色有兰香，滋味浓厚甘醇，是一杯有口碑、有高度的好茶。罗坑山天姥云雾茶 2022 年获得"义乌国际茶博览会金奖"、2023 年获得"浙江绿茶博览会金奖"。

从餐饮人到新茶人的转身，一晃就是整整十年，吴红云，用匠心做好每一杯茶，让茶成为了一种高度。这种高度，不仅仅是对茶叶品质的追求，更是对茶文化的传承和发扬。

智慧赋能一杯有品质的茶

罗坑山生态茶业公司在经营走上正轨后，吴红云并没有停止追求高质量发展的步伐，他深知，一杯有高度的茶必须是一杯有品质的茶，而要产出一杯有品质的茶，必须打破传统工艺，用创新理念、智慧赋能求发展，才是茶企高质量发展之路。

近年来，新昌县茶产业紧跟数字化、生态化时代风口，有序推进茶产业数字化改造建设项目，进一步扩大数字农业的应用面。吴红云积极争取，罗坑山生态茶业有限公司被列入新昌县茶产业数字化改造提升项目之一。总投资 300 多万元，安装了数字化茶叶自动生产线，茶叶数字驾驶舱及茶叶大数据平台，实现茶叶智能化监管，有效提升茶叶品质；同时，罗坑山生态茶业与中国大佛龙井研究院紧密合作，在研究院专家团的指导下，在生态茶园基地里安装智能虫情测报专业设备和病虫测报系统，以及土壤温湿度、气象、负氧离子、光照、二氧化碳等监测设备；促进数字茶业新技术、新设施、新业态，提升罗坑山生态茶园的高品质发展。

智慧赋能，不仅大大提升了罗坑山生态茶园的茶叶品质，也大大提高了茶园的产出效益。2022年产出2 000多斤有高度的茶；2023年产出2 600多斤有品质的茶；2024年春季，产出有高度有品质的好茶3 000斤左右。茶园经济效益逐年提升，茶叶品质逐年提高，深受消费者青睐。

10年来，吴红云的事业逐渐起步，稳定发展。2014年返乡二次创业后，2015年在共青团绍兴市委主办的创业创新大赛上获得优异的成绩；2017年新昌县第一个加入浙江省农创客发展联合会的大家庭，同时在绍兴市大学生农创客发展联合会担任副会长一职；2018年获得新昌县十佳新型职业农民称号、绍兴市新农人优秀表现奖等荣誉；2020年由他发起成立了新昌县农创客发展联合会，并被推选为会长，和志同道合的一群青年

人投身现代农业创业中,在广阔的农村大地上大显身手、大展才华;2021年他被评为新昌县先进标兵、浙江省农技推广万向奖先进个人;2022年获得农业农村部、财政部"浙大头雁乡村振兴带头人";2023年获得新昌县农业农村领域先进个人及新昌县第一批五星级乡创人才、绍兴市首届领军人才及绍兴市乡村工匠等荣誉。

吴红云,从餐饮人到茶人的蜕变,有苦有甜、有喜有悲。人生如茶,我们在品茶中就可以体会到人生的酸甜苦辣,可谓苦乐悠然中!

(陈　霞)

茶的情怀，筑梦他的第二故乡
——记新昌茶人黄诚

初夏的五月，惠风和畅。我们走进了坐落于新昌梅渚农产品加工园区的浙江天福茶业有限公司，采访一位新新昌茶人——黄诚。

黄诚，并不是新昌人，但他却和新昌大佛龙井结缘26个年头；黄诚也不是浙江天福茶业有限公司的法人代表，但他却在浙江天福茶业有限公司任职14年。由此，他算是一名新新昌茶人。

天福茶业是由世界茶王李瑞河先生于1993年在中国大陆创办的茶专业公司，主要经营传统中式茶产品。通过三十多年的努力，李瑞河先生以他广博的茶叶知识、诚信的经营理念以及直爽的性格，广泛结交茶友，不断发展壮大，天福茶业已成为集茶叶加工、销售、科研、文化、教育、旅游为一体的全方位茶业品牌。

茶的专业，应聘天福茗茶

黄诚告诉我们，天福集团的创始人李瑞河先生的祖籍是福建漳浦，天福集团总部就落户在福建省漳州市。而黄诚也是地道的福建人，1992年他在宁德农校茶学专业毕业后，被分配到南平市光泽县茶叶管理总站工作，第二年他就担任了茶叶管理总站下属茶叶站站长。1997年年初，随着国企体制机构改革步伐的推进，茶叶管理总站进行改革，黄诚选择了分流自谋职业之路。1997年5月他到天福集团闽侯天元茶业有限公司应聘，入职后在精制茶车间担任技术员。第二年，他被调到采购部，负责茶品的采购。

"爱岗敬业，恪尽职守，忠诚履职"是黄诚职业生涯的格言。他说，假如你是一滴水，你就应该滋润一寸土地；假如你是一片绿叶，你就要衬托花的美丽。为此，不管在哪个工作岗位，黄诚都是严格要求自己做到"干一行、爱一行、精一行"，工作中，做到不推不拖，尽心尽力，恪尽职守，在不断进取中提高工作水平，一步一个脚印地做好本职工作。黄诚为人谦和，虚心好学，勤恳努力，得到了公司领导的认可，于1999年担任了采购部副主任。

黄诚深有感触地说，不论是过去、现在还是未来，他的茶人生，都是受了天福集团创始人李瑞河先生的影响。李瑞河先生爽达疏朗、干练亲和、严谨仔细，他的人生如茶一般，不仅有君子的风雅，也有商人的干练。李瑞河先生的创业经历和做人做事风格，让他看到了只要沉下心、做下去，他也能成为一名沉稳风雅的茶人，因着这份向往让他明确了自己要走的路。

茶经历风吹雨打日晒，才得沁人心脾之香气。黄诚说，人生亦如此，经历的每一道坎都是未来成功的铺垫。

茶的情结，结缘大佛龙井

茶是有情结的，如同江上的清风、山间的明月，是对理想与情怀的具体诠释。很多时候，我们也都希望自己做人做事，能如同一杯茶，有一望见底的本真，有化繁为简的质朴，又有百折不挠的气度。我们在与黄诚交谈中，黄诚说，天福茗茶能与大佛龙井结缘，也是因为对好茶热爱的情结，而大佛龙井确实是一款让人着迷的好茶。

有一次，他因到新昌购买手工炒制龙井茶炒锅的机缘，深入了解了新昌浙东名茶市场。对此，黄诚现在和我们说起，脸上还是满脸的激情，他说："一走进浙东名茶市场，不但看到了人头攒动的交易场景，更是让他至今还留有回忆的是大佛龙井浓郁扑鼻的茶香。"他将大佛龙井与梅家坞的龙井进行了对比，大佛龙井的炒工好，茶的品相好，板栗香带豆香，这种茶香让他着迷，让他陶醉！他回福建就和采购部经理说在浙江新昌遇到了一款好茶——大佛龙井。随即，他就和经理直奔新昌调研，经理也非常认可新昌大佛龙井。自1999年开始，黄诚负责大佛龙井的采购任务。

也就是从1999年开始，天福集团与新昌大佛龙井结缘，每年的采购量都在500万～600万元，是当时外地采购商采购量最大的一家茶企。2005年，天福集团在新昌上礼泉村租用了约800平方米的仓库，将大佛龙井从新昌分别供货到全国各地的天福茗茶连锁店。

天福集团的巨大采购量引起了新昌县人民政府的关注，县政府委派时任县政府办公室副主任柴理明对接邀请天福集团来新昌合作事宜。天福集团主席李瑞河接到县政府的邀请，亲自带队来到新昌洽谈合作事宜。黄诚感动地说，县政府高度重视天福集团对新昌大佛龙井的厚爱，于2006年，在新昌工业用地十分紧缺的情况下，时任县政府徐良平副县长亲自出面与各部门沟通协调，在梅渚农产品加工园区落实了25亩土地，让天福集团在新昌落户。并于2011年年底正式投产使用，是天福集团的绿茶生产基地。

黄诚介绍说，他从2011年开始担任天福茗茶·龙井茶厂厂长。龙井茶厂投入运行以来，每年采购绿茶量最多的还是大佛龙井，每年的采购额均在2 000万～3 000万元；并在全国天福茗茶连锁店内开设了大佛龙井品牌专柜100多个。

还有，为了借助天福茗茶的平台影响力，进一步打响大佛龙井品牌知名度，自2008年始，新昌县政府与浙江天福茶业有限公司签订了战略合作协议，每年出资举办"天福杯"大佛龙井茶王赛。至今已连续举办

茶的情怀，筑梦他的第二故乡——记新昌茶人黄诚

了十七届"大佛龙井茶王赛"活动，副总裁李胜治代表天福集团每年都会亲临"茶王赛"给"茶王"颁奖。这一活动，在大佛龙井品牌发展的历程中写下了浓墨重彩的一笔。

茶的情怀，筑梦第二故乡

做茶，懂茶很重要，而比懂茶更重要的是一种茶人情怀。这句话是我们在与黄诚交谈中，他说得最多的一句话。他说，他在天福茶业就职27年了，1999年与大佛龙井结缘，到2011年搬迁到新昌新建的浙江天福茶业股份有限公司，在新昌一干就是25年，是茶的情怀，让他无论碰到任何困难都因这份情怀而坚守。新昌是他第二个故乡，也是让他实现了如茶一般的人生梦想。

他说，天福集团的市场虽然有着广阔空间，但如何让浙江天福茶业在新昌快速站稳脚跟、不断破局成了他每天都要思考的问题。在大的方面，遵循天福集团主席提出的发展总方针与思路，从生产、采购、质量管理到包装设计都严格按照集团总部制定的管理制度管理；在自主管理上，浙江天福茶业实行"公司＋农户"运营模式，先后与20多家茶农建立了稳固的购销关系，并不定期地对供货茶农、茶商进行业务培训。

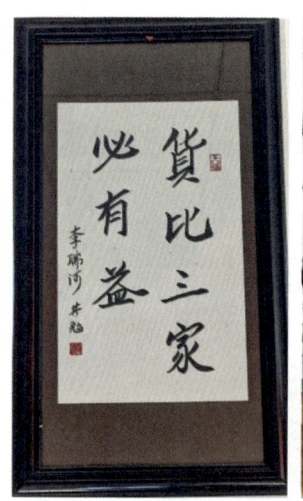

在交谈期间，黄诚指着墙上挂着的一幅"货比三家必有益"的字画

茶的情怀，筑梦他的第二故乡——记新昌茶人黄诚

说，这七个字是天福集团采购茶品的座右铭。我们不由得向上仔细一看，竟然是天福集团主席李瑞河的亲笔题词。意思是要采购到好品质的茶，要有三家以上的供货商，相互比较，最终选出最合适的那一家下采购单，这样很大程度上能采购到性价比最高的茶叶。同时，采购中还必须做到"开汤"审评，"开汤"的目的是，茶叶的外形只作为参考，口感品质也须要略胜于市场。也就是说，采购茶叶不仅只是看外形、色泽，更要注重茶叶的口感、滋味、香气。对他们送来的茶样进行外形和内质各占50%的审评。黄诚在天福集团就职期间，自始至终都把这七个字印在脑海，尽心尽职做好每一步工作。在采购茶品过程中，他从不徇私；在与供货商沟通过程中，他公平公正，耐心点评。

一次，有一位供货商送来 2 000 斤左右的龙井茶，外形很好，也整理得很干净，但开汤后，喝出了一股怪怪的口味。黄诚毫不留情地告知这位供货商，一斤也不能留，全部退货。他说：择此行，就要做到行。

黄诚的新新昌茶人经历印证了"碧水丹山的福建也好，山水秀美的新昌也罢，一片树叶，落到哪里都是归宿，总有芬芳。"我们问起黄诚在新昌碰到了哪些困难？他说，回顾起浙江天福茶业的发展历程，确实有

许多感慨。开始建厂房时，也确实碰到了一些实际问题，但县政府高度重视，不管什么难题，他们都会尽力协助解决，让他们天福茶业难以忘记的是徐良平、柴理明、袁振华三位县领导，他们对天福茶业建设发展给予的大力支持和帮助，让天福集团在新昌感到宾至如归！而让黄诚感受最深的是，他在新昌，有一种深深的归属感，他说，在新昌25年，他就像一只鸵鸟，默默享受茶的情怀。新昌的茶山、新昌的茶青、新昌的茶叶、龙井茶汤让他着迷，让他坚守，让他的人生充实而愉悦！

谈到这里，黄诚深怀感激地说，对新昌大佛龙井的专注情怀，不仅只是他，天福集团主席李瑞河也时常告诫黄诚，不但要把新昌的大佛龙井销往全国各地，也要求浙江天福把有限的资金留在新昌采购新昌茶农的茶叶，更要把有限税收留在新昌，感恩回报新昌县政府对天福茶业的支持和帮助！2011—2023年，天福茶业在新昌保持较高的纳税额，最高一年达到900多万元。

2024年，受全球经济大环境的影响，全国的茶叶市场也是近几年最萧条的一年，但浙江天福茶业仍然将大佛龙井采购量放在绿茶采购量的第一位，采购金额仍达2 000多万元。截至2024年5月，天福茶业在本地缴税额比往年虽然有所下降，但仍然达到410万元。黄诚给天福集团总部报告2024年春茶经营情况时，报告业绩比往年下滑，感到愧疚难当，而李瑞河主席给他的回复批示是：黄诚，加油！

最后，黄诚深有感触地说：茶，蕴藏了太多的美好和智慧。因为有了这片灵动鲜活的叶，我们有了如茶的人生，有了探求精神层面的感知与参悟，进而提升人生的价值。李瑞河主席给了他创业的平台，而新昌，是他第二故乡，在新昌这块秀丽而有温度的土地上，让他成为名副其实的新昌茶人，实现了筑梦第二故乡！

（陈　霞）

安山碧玉茶的故事
——记新昌茶人丁法良

说起安山碧玉茶,茶界业内都即会想到是大佛龙井茶起步较早的一个企业品牌。因为大佛龙井的起源中有安山人脱贫致富的故事,有安山碧玉茶的发展史,也有丁法良从茶农成为茶人的成长史。

安山的"碧玉"品牌大佛龙井是新昌县起步最早的品牌,也就是说,我们在编写大佛龙井发展史时,必然要讲一讲安山碧玉茶的故事。安山碧玉茶是产自新昌安山的大佛龙井。安山,位于新昌县西南部大盘山余脉绵延处,高高矗立着山雪岗(海拔797米)、大天宫岗(海拔806.5米),

安山碧玉茶的故事——记新昌茶人丁法良

小泉溪弯曲地绕过山脚,这里山高缺水,古时名为"干山"。民间有谚:"下雨一时成灾,十天无雨喊皇天。"后来,随着周边村庄的村民陆续迁居此地,人文蕴积,干山慢慢地改名为"安山"。

安山的村貌屏障四开,开门见山,梯田一块连着一块,茂林修竹之中,石头屋舍依山而建,安山也是全县乃至全省有名的贫困乡村。20世纪80年代农村开始富起来时,这里的村民,温饱还成问题。山岗坡地以种植茶叶为主要经济作物,茶叶是安山人的重要经济来源,在那个年代,安山人借助新昌出口珠茶重点产区的优势,以生产加工珠茶为生。

我在了解安山碧玉茶的发展史时，与茶人丁法良有了深入的交流。当我问起安山碧玉茶的来源时，丁法良滔滔不绝地和我聊了起来。丁法良是新昌安山人，1955年出生，从小生长在安山，高中毕业后，就在安山务农。丁法良从20世纪80年代初就开始从事茶叶返销营生，是村里做珠茶加工和返销的能手。

丁法良告诉我们，安山碧玉茶的起源与发展，离不开他大哥为家乡作出的贡献。

丁法良的大哥叫丁明松，1963年参军入伍，1977年3月转业到杭州市西湖区商业局（与供销社合署）工作，1978年3月调到西湖区委组织部。20世纪80年代初，灵隐寺边从提着茶叶篮子的茶农开始，渐渐形成一个地摊式的龙井茶交易市场，出于对家乡村民的帮扶，他时常会到龙井茶交易市场走走。他了解到安山的珠茶与龙井茶的价格相差非常悬殊，安山的珠茶也能在灵隐寺的茶市卖个好价钱那多好啊！1982年，丁法良在大哥丁明松的建议和帮助下，在村里以每斤2.5元收来几百斤珠茶，运到杭州，在灵隐寺茶叶市场，以每斤3元左右出售。销完茶叶赚了几百元，让丁法良尝到了返销茶叶的甜头。

探索安山 能否制作龙井名茶

1984年1月，丁明松调到西湖区人事局工作。丁法良则担任了安山村村民委员会副主任。丁明松常想，安山村有那么多茶园，珠茶价廉，为何不改制价高十几倍的龙井茶呢？丁明松就向身边的几位西湖龙井茶叶专家介绍家乡的情况，约定一起去看看安山的茶树品种与自然条件是否适宜制龙井茶。

1985年5月23日，丁明松带领西湖区农业局局长范成品、副局长杨

安山碧玉茶的故事——记新昌茶人丁法良

文元、茶叶科科长丁安甫等5人来到新昌。他们在安山村干部王富仁等人的陪同下，翻山越岭察看茶园，安山峰峦叠翠，云雾缭绕，昼夜温差较大，土质带砂砾，富含有机质，所产茶叶品质上乘，给他们留下深刻的印象。丁安甫科长肯定地说："这里的土壤气候不但适合龙井茶，而且还能生产高质量的龙井茶。"陪同的乡、村干部听了非常兴奋，决定选派村民去杭州学习炒茶技术。

1985年5月27日，安山村的丁法良、王尧灿、丁菊萍、潘忠富4位村民，到杭州西湖区龙井茶炒制技术培训中心学习龙井茶的炒制技术，经过10多天的培训，他们4人基本掌握了龙井茶炒制技巧。

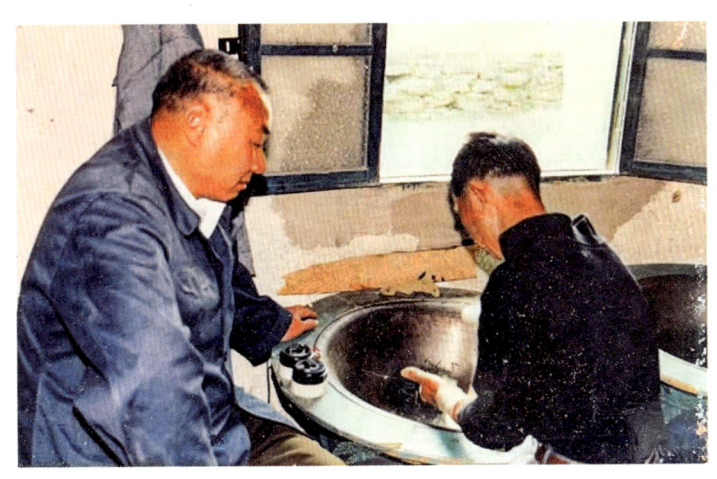

西湖区农业局局长范成品（左）亲临炒制培训现场

缘起安山　20斤大佛龙井

学了一手技术回来，还得有设备。那时杭州星火电机厂的红外线炒茶炉刚刚问世，功率3千瓦，每只售价180元。丁法良说，家里没有这么多现金，于是从乡信用社贷款到杭州买回了两只电炒锅。1986年4月，他按龙井茶标准在自家承包的茶园里采摘青叶，并按学到的龙井茶炒制技术,炒出了新昌第一锅龙井茶,一共20斤。他背着这20斤龙井茶,赶到杭州市西湖区经济特产站,请专家品鉴。从品质、香气、口感都得到了专家的肯定。安山茶的品质特征为,外形:浑扁细直,芽峰显露,色泽绿翠,形如玉簪;内质:清香持久,滋味鲜爽甘醇,回味甘醇爽口;叶底:嫩匀成朵,翠绿明亮。专家认为完全可以和西湖龙井媲美!

杭州西湖龙井王吕根师傅(左二)传授龙井茶炒制技术,
丁法良(左一)

20斤龙井茶被杭州西湖名茶公司收购,收益比珠茶高出十几倍。原来1斤珠茶可以买10斤米,现在1斤龙井茶可以买100斤米。龙井茶的经济效益显而易见!

说到这里,丁法良沾沾自喜地说,安山的青茶叶制成龙井茶得到这样的评价和收益,那种喜悦的心情不但只是挣到了钱的开心,更是那种同样的土壤环境、同样的茶树品种,安山人用学会的龙井茶炒制技术,炒出了"安山龙井"的喜悦,那种成就感的喜悦心情是无法用金钱来衡量的!

安山碧玉茶的故事——记新昌茶人丁法良

丁法良还告诉我们，为了让安山村民都会炒龙井茶以增加收入，这一年的同月，在他大哥的牵线联系下，安山乡农经服务站和杭州西湖名茶公司签订《协议书》，西湖名茶公司为支持安山乡开发利用茶叶资源制作名茶新产品，每年的春季也派师傅到安山，免费为村民举办茶园管理和龙井茶炒制的培训班，一住就是一个月，给予技术上指导，培训人员达800多人次。同时也约定安山乡农经服务站每年炒制四级以上高级龙井茶供货给他们。

杭州西湖区农业局局长范成品（右二）
与茶叶专家史庭智（右一）审定龙井茶

丁法良说，由于安山人实在是太穷，根本买不起不到200元一只的电炒锅，还是在他大哥丁明松的帮助下，随着龙井茶的产量增加而逐步增加的。1987年春，电炒锅增加到5只；1988年春，增加到20只。1993年11月，丁明松从西湖区拉回100只炒茶锅到新昌，这批炒茶锅运到新昌，如雪中送炭，不但解决了茶农对茶锅的需求，也为安山名茶发展起到了积极的推动作用。

"圆改扁"在安山村拉开序幕

安山村炒龙井茶的消息传播开来，以安山村为中心，相邻的小泉溪、建国、后坪、回山等地村民也争相学艺炒制龙井茶。安山村的茶农，有的成了"安山师傅"被请到新昌县一些地方传授技术，这也引起新昌县领导的重视。

1989年春，新昌县人大主任杨焕星带领新昌县经济特产站程兆敏等茶界人士到安山。他们了解到，红外线炒茶炉价格昂贵，一般村民都买不起，再说受电力条件限制，不宜在安山乡推广，而烧柴的茶锅只需17元一只，但很多村民连这17元的钱也拿不出来。怎么办呢？丁法良告诉我们，县领导和时任安山乡党委书记胡友清，到各个部门奔走求得资金支持。首先，得到了县工业局扶持资金1万元，接着县民政局的扶贫补助资金也送到了安山，龙井茶技术的推广得到了有力支持。

在"杭州师傅"的指教下，安山村会炒龙井茶的人一年年多起来了，碧玉茶的产量也一年比一年增加。除根据协议由西湖名茶公司收购之外，其他茶叶的销路问题怎么解决？还有，茶园是由茶农分户管理，茶农零散的、小打小闹炒制茶叶，难以保证龙井茶的质量。1989年4月，安山乡政府又引导茶农成立了安山乡茶农协会，把分散的茶农组织起来形成规模效益，会员从48名扩大到90名。丁法良自豪地说：这是全县第一个茶农协会。协会将安山村的茶园集中起来由村集体统一管理，这样可以保证青叶的质量。关于销路问题，丁明松又及时联系杭州西湖区茶叶公司、西湖龙井茶叶公司等经销商到安山，他们品鉴了安山的龙井后都争相采购，一时间安山的龙井成了杭州茶商的抢手货。

由此，安山试制名茶成功的消息不胫而走，许多乡村茶农也自发地

安山碧玉茶的故事——记新昌茶人丁法良

聘请专家传授炒制名茶技艺。新昌县茶业"圆改扁"的序幕在安山茶区徐徐拉开。肇圃、大古年等村村民也赶来观看学习,还有与安山交界的磐安县玉山乡村民对炒制龙井茶的积极性非常高,龙井茶炒制技术也就传播到了磐安县。

1990年7月,新昌县科委在安山对"安山碧玉茶"进行审评

名茶炒制之科技"星火"从安山乡扩展到了回山镇、儒岙镇等新昌南部地区,茶叶由"圆"到"扁",产值由少到多,形成了"燎原"之势,此后,"圆改扁"的培训在全县36个乡镇全面铺开,先后举办培训班500多期,43万总人口中,共有5万多人参加过龙井茶炒制培训班,形成了一支有10万多人的"圆改扁"生产、采摘、制作队伍,有18万人从事茶叶及相关产业,名茶的崛起为推进茶叶产业化开辟了新天地。

大佛龙井　让安山村民脱贫

名茶走向产业化,必须要规模经营。丁法良说,安山名茶的发展,时任安山乡党委书记胡友清和乡长杨桂源他们不但在技术推广上起到关键的作用,他们还到省、县里各级政府部门寻求资金、人才、技术等各方面的扶持。1989年秋,"碧玉茶开发"列入新昌县科技开发推广项目。1991年,安山村茶园从1989年原有的285亩增至1 531亩,来自茶叶的人均收入从253元提高到1 000多元,多数农民从贷款户变成存款户,从此摘掉了贫困村的帽子。安山村民的生活水平随着茶叶经济效益的提高而发生可喜的变化。

辛勤的付出终会有收获,名茶产业的迅速发展,安山碧玉茶的好消息一个个传来:1991年7月6日,安山碧玉茶通过新昌县科学技术委员会审评;1991年8月,"碧玉茶开发及服务体系"被列为绍兴市科技星火计划项目,荣获1991年度浙江省经营咨询服务和效益工程成果二等奖;1991年9月12日,"碧玉茶"获得农业部茶叶质量监督检验测试中心的"名优茶品质鉴定认可证书",这是新昌第一个获此殊荣的名茶产品;1992年2月,安山村被浙江省贫困地区和革命老区建设领导小组评为脱贫致富先进集体,安山碧玉茶服务站站长丁法良被评为脱贫致富带头人;1992年起,丁法良连续当选为绍兴市第三届、第四届、第五届、第六届政协委员。

丁法良深情地谈到,安山碧玉茶的发展,为山区茶农找到一条致富的门路。在此过程中,得到了许多领导和专家的大力帮扶和支持,他们是时任县人大主任杨焕星、副县长钱忠鑫、县农业区划办公室史庭智、县农业局局长俞志林、茶叶专家凌光汉、程兆敏、程晓帆等以及新昌籍担任浙江省乡镇企业局局长的王汀华,他们都一直关注着安山碧玉茶的发展,并从技术和资金上帮扶安山的名茶发展,他们名字也印在了安山人的脑海中。

安山碧玉 走向广阔市场

安山村茶园在碧水萦绕之间,周围有一片片茂盛的松树林,出产的茶叶翠绿有光泽,扁平如玉簪,众人品尝之后取名为"碧玉"。碧玉茶香,丝丝缕缕,持久高雅。

1991年,新昌县名茶服务公司开始申请注册"碧玉"商标;1993年8月28日,"碧玉"商标获准注册,安山龙井从此有了自己的品牌,这也是新昌县最早的名茶商标。继安山"碧玉"商标注册以后,"回山峰芽""西山碧牙""十九峰"等茶叶商标相继获批注册。1998年8月,"碧玉"商标被认定为绍兴市著名商标。

商标是招牌,质量最关键。1999年,为了制定技术标准,丁法良又请来杭州的茶叶专家,制定了企业标准,并印制符合标准规定的各式"安山碧玉"品牌包装,以适应市场的需求。

1999年10月21日,第二届中国国际茶博览交易会暨现代茶产业发展研讨会在杭州世贸中心举行,"碧玉"和"大佛玉龙"牌大佛龙井荣获国际名茶金奖;2001年10月,"碧玉"牌大佛龙井茶被第三届新昌旅游节组委员授予"新昌县十佳旅游产品"称号;2003年,"碧玉"牌大佛龙井被认定为绍兴市名牌产品;2005年,"碧玉牌"大佛龙井荣获"国家级无公害农产品"称号。

2000年,安山碧玉大佛龙井在上海东方商厦超市试销成功;2001年又进入上海家得利超市、梅陇镇广场超市、崇明超市、苏州华润超市、深圳江门百家超市等。安山村的龙井茶初如"小家碧玉",已经长成了大家闺秀,走出了新昌县城、浙江省城,走向了全国。

茶为清饮,可添诗情,安山村一片片绿油油的茶园蕴藏着无限的生机。一村好带动全乡好,目前,镜岭镇安山片(即原安山乡)茶园面积发展到4 500亩,龙井茶产值达4 000万元,并成为全县龙井茶高质量产区。

青山绵延,古道诗茶,如一幅遗世的水墨画卷的安山,2018年,创建为浙江省AAA级景区村,引来了大批的城市游客,年接待游客20多万人次,实现茶旅年收入200万元以上。

绿水环顾,茶香四溢,安山茶产业的发展,给村民带来了实实在在的经济效益,村民的茶产业人均收入近3万元。与城里人一样,家家有

安山碧玉茶的故事——记新昌茶人丁法良

电器设备，全村拥有轿车 100 多辆，一半村民在县城购置了新房。

安山村，是安山村民安居乐业的地方，成了游客心目中的"世外桃源"；安山人，诠释着一个真理，穷则思变，因地制宜，辛勤的付出终会有收获；安山碧玉茶的故事，也践行了"绿水青山就是金山银山"的发展理念；丁法良也由一名茶农成为了小有名气的新昌茶人。

（陈　霞）

诚信赢客户，一技稳生意
——记新昌中国茶市茶商党支部书记求永耀

"是金子埋在哪都会发光"，我们用这句话来描述求永耀一点都不为过。

求永耀，是新昌"中国茶市"里的一位茶商。因为笔者在"中国茶市"做过管理工作，对他的印象是话语不多，戴着深度的近视眼镜，看上去文质彬彬，为人处世都非常低调，而在"中国茶市"众多的茶商中，他是一位生意做得稳当，口碑相当不错的"新昌茶人"。

诚信赢客户，一技稳生意——记新昌中国茶市茶商党支部书记求永耀

走进他的商铺 A3-1007 "忆香茗茶业"，接过他特地泡的一杯"大佛龙井"茶，一边品茶一边和他聊了起来。

求永耀，1993 年毕业于杭州市农业学校茶叶加工与审评专业，被分配到新昌茶厂工作，在当时那个年代，新昌茶厂茶专业人士并不多，新昌名茶也刚刚开始起步，他被安排到业务部，负责名茶的经销工作。1995 年新昌县创建了全国产茶区第一个名茶市场——浙东名茶市场。而新昌茶厂也面临着企业转制、产品转型的关键时刻，厂长要他到浙东名茶市场开办新昌茶厂名茶经营部，并由他担任经营部经理，独当一面全权负责名茶经营。那年，求永耀年仅 22 岁，是市场内有着中专学历，年纪最轻的一个名茶经营部经理。

1999 年，当年的新昌茶厂因经营连年亏损，被新昌制药厂兼并，求永耀被安排到厂总科室工作，从事药品研究，其间又被县委组织部考察后选为年轻有为的科技人员，想抽调他到基层乡镇担任副乡长助理，锻炼培养为县管后备干部。求永耀因为在茶叶市场的几年里与茶农、茶企、茶商打交道，他学习掌握了茶叶经销的经验，让他弃茶从政，还真是舍不得。尤其是四年多在名茶市场的摸爬滚打，也让他看到了新昌大

佛龙井的发展前景。经过再三思虑，在父母和爱人的支持下，他选择了弃政从茶，放弃了铁饭碗，创办了自己的经营部——"求是名茶经营部"，他要凭自己的能力，创办茶企，成为新昌大佛龙井发展历程中的一员。

记得有人说过这么一段话：信念是人生的太阳，它将永远照耀着你的人生之路。相信自己，春天就会在你心中永驻。虽然春天里也有凄风冷雨，风霜尘埃，但只要你在这春天里，努力去实践你肩负的社会责任，一路轻盈地前行，坚定你的信念。人生就会在你面前展开新的天地。

求永耀就是坚持着自己的信念，在新昌浙东名茶市场起步，随新昌名茶产业发展而壮大，由"求是名茶经营部"发展成为今日的"忆香茗茶业有限公司"，年经销大佛龙井茶超千万元，是中国茶市500多户茶商中经销大佛龙井的大户。

求永耀经销大佛龙井已有30年，和他聊起，你有今天的成就，最深的体会是什么？求永耀告诉我们，并没有什么诀窍，10个字是他的座右铭，即"诚信赢客户，一技稳生意"。

他说：首先做生意要诚信。从创办茶企开始，求永耀就给自己立下

诚信赢客户，一技稳生意——记新昌中国茶市茶商党支部书记求永耀

"质量第一，信誉至上"的宗旨，在经销中他自始至终坚持诚信这两个字。在收购茶叶中，坚持四不收，即"干度不足、香气不正、滋味不纯、净度不够"坚决不收，对高山好茶他做到优质优价、童叟无欺，从而保证了产品质量；同样，对上门采购的外地茶商，他更是把"诚信"二字刻在脑海，做到四不卖，即"品质不好、价格不实、品牌不真、短斤缺两"坚决不卖，从而获得了广大茶商的信任，赢得了一大批稳定的老客户，至今这些老客户多达50多家，其中保持供销关系20年以上的有15家，10年以上的有30家，还有10多家曾间断过，经过质量、信誉等多方比较，又回到求总那里继续交易，至今这些知心茶友成了"忆香茗"茶企销售的主力军，这充分体现了"质量第一，信誉至上"企业宗旨的成功之道。

我们问求永耀，"一技稳生意"的技是指什么"技"？他笑着告诉我们：所谓"技"就是做生意诚信是本，但也要掌握茶叶生产、加工过程中的技术，让客户采购到"放心茶"，才能有回头客，才能稳定生意。

求永耀在杭州农业学校学习的是茶叶加工与审评专业，为他创业打下了基础。他说："做茶叶生意，不但要懂茶知识，更需要掌握茶园管理、茶树品种、茶叶加工、茶叶拼配、茶叶品鉴等技术，才能让客户采购到货真价实的'放心茶'，也才能稳定客户群，做稳做大我的生意。"就是这样，求永耀不但以诚信赢得客户的信任，而且他也从未间断过对茶叶技术的学习和实践，他经常到茶园、茶山、茶企以及茶农加工点，从不同茶树品种的不同茶性到茶叶采摘与炒制技术、从龙井茶的外形色泽到香气口感的品鉴等技能，他都是虚心学习与实践，为自己打下了扎实的茶叶加工与审评的技能功底。

在20世纪90年代，像求永耀这样既有茶叶专业知识，又有茶叶生产和加工技能的茶商，在茶商队伍中也是数一数二的人物了，也让他有了一定的知名度。为此，在当时全县推广普及"圆改扁"的名茶发展进程中，他曾被诸多乡镇请去当教师，给茶乡的茶农培训龙井茶采制技术。在1993—1994年，儒岙、东茗、梅渚等乡镇先后举办了25期培训班，培训了500多人次。这批学员，也成为他的供货茶农，都愿将茶投售给小求老师。每当茶农来投售时，他总会指出茶叶的优缺点与改进意见。他还经常向茶农传授科学防治茶树病虫害技术，不断提高茶农的植保知识与茶叶质量安全的意识，茶农都愿听愿改，品质

诚信赢客户，一技稳生意——记新昌中国茶市茶商党支部书记求永耀

提高了，茶价升高了，茶农也得到了利益。由此，求永耀也有了很稳定的供货茶企和茶农加工户。他边说边笑着告诉我们，有七八十人之多的老茶农加工户，至今还保持着投售老关系，已有20多年投售历史了。因此，求永耀的公司所收购的茶叶逐年增多，质量也有保证，并不断在提高。让他做到了所收购的茶叶，每次抽检都合格。使广大茶商与消费者普遍认可"忆香茗"的大佛龙井，是真正的"放心茶"。

当我们问起，三年新冠疫情，"忆香茗"的生意是否受到影响？他坦然地说，影响当然有，但他的客户是稳定的，这些老客户因疫情销量都有所减少，可他的客户群却是在增加的，因为"忆香茗"的大佛龙井不但诚信度高，而且货真价实，尽管由于新冠疫情的原因，客户来不了新昌"中国茶市"当面认购，但这些客户都认可"忆香茗"的大佛龙井品质和价格，一个电话让他发货，他们都很放心！所以，"忆香茗"这三年销售量和销售额并没有减少。

是这一"诚"一"技"，让"忆香茗"保持了供货和销售客户的两头稳定，让求永耀的公司生意越做越大。尤其是2008年浙东名茶市场迁入中国茶市后，市场规模扩大了十多倍，茶市设施一流，市容市貌等均属全省第一，从而引来了更多茶商，来自全国四面八方的外省客户成倍增多，中国茶市的交易量迅猛扩大，成为全国最大的龙井茶交易集散中心，茶企的经销量比老市场迅猛增长，"忆香茗"的大佛龙井经销量也增长了一倍多，而且年年保持稳定的经销量，年销售额超千万元，每年销售量与销售额一直排位在中国茶市前十名之列，是中国茶市的骨干茶企之一。

也是这一"诚"一"技"，让求永耀的茶事业发展之路越走越宽广。从"求是"茶叶经营部到"忆香茗"茶有限公司，求永耀已经历了28个春秋，如今他已步入了中年。在中国茶市500多户的茶商队伍中，求永耀是一位

有学识有技能、年富力强的茶商，也有一定的名气。但求永耀却非常低调。他对"名"和"利"有独特的见解，他说，这个"名"要实在的"名"，就是做人要踏实更要低调，不要张扬更不要有虚荣性的名气，要不然会让自己在事业发展过程冲昏头脑，失去理智，也经不起任何风浪；而这个利，就是做生意要实在更要诚信，当然做生意都是为了利，但这个利要在诚信基础上得到，要心安理得地得到，这样才能对得起自己的良心，对得起众人对我的信任，也才能让我一生追求的茶事业持续稳妥发展。

一路走来，求永耀也获得了诸多荣誉。1997年荣获新昌县十佳青年能手称号，1998年荣获绍兴市优秀团干部称号，1999年公司分别被共青团绍兴市委与新昌县委授予青年文明号称号，并多次被评为浙东名茶市场和中国茶市文明经营户、新昌县"十佳"经营户称号。他的事迹，还择注了《中华茶人诗描续集》书册。2021年9月，求永耀担任了中国茶市茶商党支部书记。

党员的责任，让他始终如一地坚持着"全心全意为人民服务"党的宗旨，坚守着"质量第一，信誉至上"的经营信念，脚踏实地践行着他的人生目标！

（陈　霞）

现代茶人『笑书神』的创业经历
——记新昌新型茶人何利江

说起"笑书神",总会很自然地联想到香港武侠泰斗金庸先生一副对联:"飞雪连天射白鹿,笑书神侠倚碧鸳",正好是金庸先生的14部武侠小说的首字,真是匠心独具!而"笑书神"就是《笑傲江湖》《书剑恩仇录》《神雕侠侣》这三部小说的首个字的缩写。

当问起何利江为什么取这个"笑书神"的网店名时,何利江笑盈盈地说,他取"笑书神"这个店名,是源自他年轻时候取的网名就叫"笑书神"。那时,正逢金庸先生在新昌考察外景,一

边品尝着新昌的大佛龙井,一边欣赏着新昌的山水风情,深深地陶醉了,于是决定和央视合作,把他的几部大作放在新昌拍摄。金庸把武侠剧情和新昌优美的山水风光相结合,我想把新昌大佛龙井茶和金庸先生联系起来,以便更好地让大佛龙井被海内外武侠爱好者了解和接受。

何利江又说,最早他取"笑书神"的网名还有一层出处:生活太苦,但我喜欢笑;人生坎坷,但我喜欢书,向往"一卷书,一碗茶,笑看人生"的那种乐观态度。看了很多书又听了很多歌,当时读米兰昆德拉的《笑忘录》,被深深吸引,喝着茶,看着书,虽困也不疲,有如神助。听着笑忘书的歌,笑一笑给自己力量和勇气。"笑书神"的名字就印进了心里,取网名、取茶叶店名、注册茶叶商标的时候就自然用上了!

现代茶人"笑书神"的创业经历——记新昌新型茶人何利江

因为他是新一代茶人,他的创业事迹曾被媒体高度关注,新昌县市级报刊、电视台,浙江省级媒体都纷纷报道过,2012年、2015年CCTV-2,2019年CCTV-7频道做有关茶叶的专题节目,来新昌中国茶市采集,何利江作为新茶人被采访和报道。现如今"笑书神"掌柜何利江在茶界已小有名气。而聊起他的创业经历,并不是一帆风顺。

自主创业开店"笑书神"

何利江自小生长在新昌,一个偏僻的小山村——溪二村,直到大学毕业村里还没通公路。他的家乡也是新昌大佛龙井的主产区之一,茶叶是这个片区农民的主要收入来源。他从小就看到父母采茶、炒茶、卖茶,春忙的时候放学回家跟家人一起做茶,白天采青、摊青,吃完晚饭开始炒青,天不亮就要挑着茶叶去茶市叫卖,但收入一直上不去。父母和村民的艰辛,让他萌发了改变这种困局的念头。

2004年何利江从山西财经大学毕业,获得了经济学和管理学双学士学位。在那个年代,上班比自主创业更为常见,大学生创业并不是一个热门话题。何利江大学毕业后,也和常人一样在杭州、绍兴等地打工上班,但他却感到没有冲劲。2006年他毅然地选择了自主创业这条路,而且是回到了家乡,做起父母的老本行种茶、炒茶、卖茶。曾经父母希望他考上大学好离开农村,当一个城里人。而他却又从城里回到了农村,很多人都觉得他"傻"!因为自主创业并没有想象的那么容易,何利江回忆起那两年,他自嘲地说:"种茶不如自己的父母,炒茶炒不过没有文凭的老农,做生意做不过文化程度没自己高的同行!"

2008年1月,新昌第二代茶叶市场——中国茶市建成投入使用,看到设施功能俱全、交易场所敞亮、招租条件优惠的中国茶市,何利江在中国茶市租了一间门店,创立了"笑书神"茶业经营部,做起了茶叶生意。

在茶市500多户茶商中,何利江的简历与众不同,他年轻有文化、是经济学和管理学双学士学位的大学生。2008年3月春茶交易开始,何利江和茶市的其他经营户一样,早晨四点半就起床开门收茶,匆匆吃完早餐就在集市招揽外地茶商。但他入门晚,不像其他经营户有稳定的客户群,有足够的周转资金,生意并不理想,有时候当天收的茶叶亏钱还卖不出去。一年半的茶市优惠免租期到了,何利江因缴不起下半年的租金而被迫关闭了在茶市租赁的店面。

说起他的那段经历,何利江笑称自己是"茶市三少"——"少资金""少路道""少经验",根本无法从前辈们的市场份额中分一杯羹。

为卖库存被迫"开网店"

新昌"中国茶市"是全国最大的龙井茶交易中心,也是一个产地批

现代茶人"笑书神"的创业经历——记新昌新型茶人何利江

发市场。与销区二级市场不同的是,这里的生意季节性特别强,过了春季,茶市行情马上变淡,客源骤减。2009年7月,何利江虽然关闭了他租赁的门店,但必须面对的是为数不少的库存。市场没人要,客户不需要,怎么办?卖给谁?难道除了亏本清仓,真没有出路了?

何利江并没有被困难压倒,他不甘心就这么放弃。他在大学学过市场营销,懂得信息技术,他有家里三代做茶的经历、摸爬滚打积累了丰富的茶叶知识,肯定还有其他出路!

当时,淘宝网还是个新鲜的名词,很多人还不知道在网上可以买东西,更不相信淘宝上能卖出茶叶,还担心即使茶叶卖出去钱收不回来怎么办,因为线下茶叶卖出去,本钱收不回来的故事屡有发生。在大家还在嘲笑淘宝时,何利江为卖库存被迫尝试"吃螃蟹",在淘宝上开了"笑书神"茶叶店。虽然他懂得电脑,学过摄影,文笔流畅,但是网店的道道实在是太多了!

库存多自然宝贝多,一个一个拍照片上传,好不辛苦!好不容易网店开起来了,但是没有知名度没人买。淘宝是新事物,"老茶人"有销路

不想碰,新茶人觉得风险大也不敢尝试;有在淘宝上卖茶叶的,很多人不擅长"营销",抬高价格后再打折吸引人气!何利江为了清库存价格一直标得很低,稍微打折就要亏钱了,新客户觉得这种掌柜太死板,但他觉得标高价格再打折太虚伪也走不远!

大佛龙井虽然是原产地高山茶,品质好,性价比也好,但因为是新店,看的人多,敢买的人少!开了一个月不到10笔订单,怎么办?何利江就给外地的大学同学寄去茶样让大家品尝,再标上价格,终于有了第一批客户!因物美价廉,客户自然纷至沓来络绎不绝,客户又介绍客户,自然有了更多的新客户!新客户多了,销量排名上来了,几个月下来库存售罄!

当库存货不再成为心结,新的心结出现了,销量逐月上升,加上库存售罄,老客户又喜欢上一次的味道!只好按图索骥去寻找货源,好在中国茶市是一个全国最大的龙井茶集散中心,何利江在茶市很快找到了同样味道的茶叶。很多卖不掉库存的茶商蜂拥而至,希望借助"笑书神"的网店,把自己品质好的大佛龙井销出去。这就不用担心找不到优质的货源了,随着销量上升,他甚至还有了议价权。电商活脱脱是一匹黑马,载着大佛龙井驰骋虚拟茶市,带来真金白银。

何利江非常自信地说:"他从一台电脑重新开始,电商平台给他的创业梦带来了转机。"2010年,他的销售额才30多万元,2011年达到了150万元,2012年更是达到了300万元!销量暴增,销售额也噌噌往上涨。他又再次在茶市租赁了商铺,开始了线上线下互动相联的创业路。

维系品牌拉住"回头客"

何利江说:"做网店和实体店一样,一定要坚持质量,恪守诚信,拉

现代茶人"笑书神"的创业经历——记新昌新型茶人何利江

住回头客,业务才能稳定增长。而要获得更大的增长,必须要靠品牌,品牌就是口碑,就是维系大佛龙井和客户的价值纽带。"

何利江深有感触地说:"平台经济是以互联网为载体,以数据为生产要素,以信息技术为驱动力,以网络信息基础设施为支撑的新型经济形态。为此,商品信息的传播速度、网店信誉的美誉度,都是需要努力做好的功课。"

从开实体店失败到被迫"触网"开网店的经历,让何利江清醒地体会到:开网店,拉住"回头客"是关键,而拉住"回头客",除了和实体店一样要坚持质量,恪守诚信以外,情感价值是品牌长期生存的法宝。就是说,要非常注重与客户的情感联结,传统的销售很少有品牌关注度和品牌价值观的输出,甚至认为是"虚无"的噱头。但事实上,在如今这个注意力稀缺的时代,情感价值已成为品牌留住客户的必要元素。独特的品牌语言,情感价值能够在竞争激烈的市场中脱颖而出,与消费者建立情感共鸣,夯实品牌忠诚度。

何利江乐呵呵地说:"在每年新茶上市前,我都会认真仔细落实好网络销售的策划、素材采集等工作。我的'笑书神茶叶',凭借大佛龙井高

山产区的生态优势，加上自己对茶叶品质自始至终不断苛求，赢得了很多回头客。我和小将、儒岙、镜岭、回山等乡镇的茶农签订了长期采购合同，让他们按照我的标准种植和加工大佛龙井茶叶，于是有了稳定的货源，保证了茶叶的数量和品质，熟悉的味道留住了下游客户的心，也给上游茶农带来了便利的销售渠道和更多的经济收入。"

在与茶农签订采购协议，把握大佛龙井品质的基础上，何利江还通过与客户建立品牌价值体验、情感温馨互动的桥梁，邀请全国各地的消费者来新昌高山茶园观光，体验采茶，认领茶树……将购茶与休闲旅游、公益活动相联结，让网上消费者的情感价值体现出"亲切感"，成为有来有往互相信任的朋友，让大佛龙井高山茶给客户带来购买时的信任、情感上的温暖、消费中的乐趣，让茶真正融入消费者的生活中。何利江深有体会地说，其实，每一次陪客户登上李白曾经为之梦游的天姥山，客户的心已经被新鲜的空气，优美的环境而折服！坐在天姥山顶饮一杯大佛龙井，立马心情舒畅，登山的疲惫瞬间被那一缕茶香驱逐得干干净净，从此成为大佛龙井的忠实客户！

"都说网上买不到真货，这位卖家真诚贴心！"一次购茶经历让河北客户刘俊对"笑书神"点赞不已。有一年春天，刘俊提出要购买三斤特级龙井，何利江建议，家里若没有特制的冰柜，可以喝完再买，或者寄存在"笑书神"家里，品质有保障。如今，刘俊不但自己是"笑书神"的铁杆粉丝，而且还引荐了一批朋友，成了"大佛龙井"的粉丝。

抿一口香茶，何利江笑呵呵地说道："近几年来，线上销售一直在成长中，从趋势来看，还能一直往上走。前三年虽然受新冠疫情影响，很多朋友都更加习惯'宅生活'，这种消费习惯的养成，对买家和卖家来说，都是件好事。"

现代茶人"笑书神"的创业经历——记新昌新型茶人何利江

目前,"笑书神"茶叶网店,已有10 000多个线上客户,70%是买了十几年的老客户。"笑书神"网店的年销售额也水涨船高,为了稳定持续经营,2017年,何利江把他当初租赁的商铺买了下来,2021年为了扩大经营,提升美誉度,他又买下了隔壁的商铺。

"一卷书,一碗茶,笑看人生!"19年的茶人生,何利江实现了他的创业梦,他将继续凭借互联网的大平台,将"笑书神"大佛龙井带向天南地北,让"笑书神"品牌驰骋中华大地!

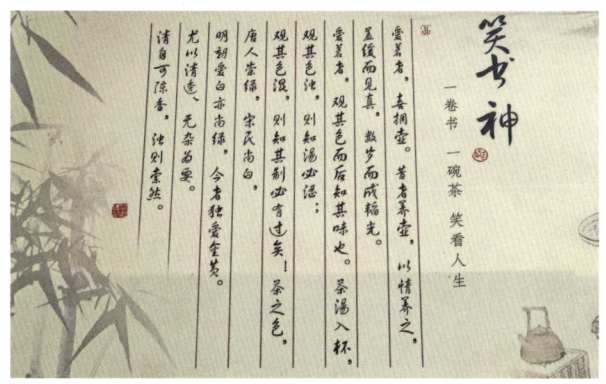

（陈　霞）

亲亲子叶的创业人生
——记新昌"茶二代"梁如洁

在2023年8月"全省个体经济高质量发展大会"上,新昌的"茶二代"梁如洁(新昌县七星街道亲亲子叶茶行经营者),被授予"最美浙江人·最美个体劳动者"荣誉。

说起梁如洁,新昌人都知道她是一位大学生自主创业的楷模,是新昌"茶二代"的佼佼者,是一位具有锲而不舍精神的新昌茶人。她是新昌县亲亲子叶茶行掌柜,新昌县洛克农业专业合作社社长。16年来,她为了一句"带领茶农走致富之路,服务三农展光彩人生"的承诺,孜孜不倦地追求着她的奋斗人生!

亲亲子叶的创业人生——记新昌"茶二代"梁如洁

16年的自主创业,让梁如洁荣获了众多荣誉,她曾获得全国先进个体工商户(2012年、2016年)、浙江省青年致富带头人、浙江省名特优新中"知名类"个体工商户、首届浙江省个体劳动者创业之星金奖、浙江省先进个体工商户、绍兴市模范共产党员经营户、绍兴市十佳创业新星、绍兴市十佳农业科技人才、新昌县四星级人才等荣誉;她指导的大学生共富队荣获全国大学生创业比赛一等奖;带领团队参赛的乡旅创业项目获得绍兴市二等奖、新昌县一等奖;她还被聘为绍兴市大学生创业导师、绍兴市青联委员、绍兴市大学生农创客联合会理事、新昌县新联会和网联会成员。

追求理想，做一个敢吃螃蟹的人

梁如洁，女，1985年出生，2004年考入绍兴文理学院法学专业，她在读大学期间表现就非常优秀，高中入党后，大学期间担任学院党支部书记。2006年暑假，通过收集新昌中学考上北大、清华等名校学生的课堂笔记，将销售所得1万多元钱和优秀笔记都捐助给了绍兴一中、稽山中学等12名贫困学生，被中央电视台、浙江电视台、钱江晚报、台湾大学报等多家媒体和网络报道。毕业后，被一家拟上市公司聘用，不到一年时间就被提拔为董事长助理、总裁办副主任兼人力资源部经理等职务，有着一份别人羡慕的工作。

"你是一位优秀的女大学生，也有着光明前途和收入稳定的工作，在当时都是别人羡慕不已的，可你为什么会选择自主创业这条艰苦的路呢？"这是众人问梁如洁最多的一个问题。

梁如洁笑呵呵地说："我选择这条路，也并非一时冲动"。在亲亲子叶茶行，梁如洁一边请我们品茶，一边徐徐道来。2007年，在大学撰写毕业论文《新昌大佛龙井知识产权保护暨证明商标的实证分析》，她在导师黄华均教授的指导下，深入田间茶园，调研新昌大佛龙井的商标保护情况，让她对茶区的茶农有了很深刻的了解。她抿了一口茶，继续告诉我们："大佛龙井是新昌茶农的主要收入来源，但茶农很辛苦，起早贪黑，白天在茶园里采摘一整天，晚饭后立刻炒制茶叶，炒完茶叶睡两三个小时到凌晨两三点钟，就要赶到镇上甚至是几十公里外的县城"中国茶市"卖茶。卖完茶叶，刚好天亮，茶农就又赶回茶园继续采摘茶叶，如此循环往复，其艰苦疲惫程度可想而知。茶农一整年的收入基本集中在春茶的50天时间里面，遇上好的天气，能有一个好的收成。但如果碰上倒春

亲亲子叶的创业人生——记新昌"茶二代"梁如洁

寒,茶农们就损失惨重。"

"茶农的辛苦劳作,让梁如洁心中始终有一份牵挂。大佛龙井是新昌茶农的"摇钱树",也是新昌的一张"金名片",而我是一名大学生,也是一名共产党员,是不是能够为茶农和家乡茶叶产业奉献自己的一份力量?"这个理想,一直在梁如洁的脑海中呈现!梁如洁一脸自信地说:"经过反复思考与抉择,我毅然辞职,决定做一个敢吃螃蟹的人,也毅然选择了将茶叶作为自己创业的方向,在这条路上开始了创业创新,服务茶农,奉献茶农的征程。"

勇于创新,用"诚信"开辟创业路

2009年,"淘宝店"还是一个新事物,老茶人都认为消费者不会相信网店,茶叶卖不出去的!可梁如洁却觉得,她没有像老茶人那样有固定的客户群,"淘宝店"虽然是新生事物,但门槛相对低,她相信,在科技信息飞速发展的时代,网络必将是一代年轻人创业的好平台!

梁如洁大胆地在淘宝上开设了"亲亲子叶"茶叶店,她直接与家乡的茶农订购茶叶,帮助他们开辟茶叶销售新路。跟大多数小卖家一样,一开始很少有人光顾。梁如洁知道，是新生事物也必然要用心学习，更需要勇于创新才能打开局面。为开辟销路，梁如洁一面日夜加班加强对网络营销等知识的学习；一方面，她深入茶区与茶农沟通，和他们一起研发生产市场适销的龙井茶，另一方面，她勤跑茶市，捕捉市场行情，了解消费群体对茶叶的喜好和偏好。经过一段时间艰苦卓绝的努力，再加上产品货真价实获得了顾客高度认可，她的网店销售业绩提高很快。

在经营中，她坚持以"超过顾客期待"为服务理念，保证顾客购物方便、实惠、贴心，充满愉悦感。售后环节上，凡她的店销售的茶叶，有任何品质或者口味上的不适，承诺32天无条件退换货，并承担来回邮费，全面解除顾客网络购物的后顾之忧。亲亲子叶茶叶店用诚信赢得了客户的高度信任，大佛龙井茶通过梁如洁的小店，销售到了全国各地。

在梁如洁不懈努力下，亲亲子叶茶行取得了可喜的成绩。她抓住机遇，在"中国茶市"购买商铺，开设了"来共点茶业"实体店铺，发展成为以电子商务和实体批发零售兼营的销售模式。同时，她吸纳优秀大学生加盟，店铺由起初的一个人发展成为三个核心人物，10名兼职人员的创业团队。高学历和公司化的操作改变了茶农文化低、缺乏管理经验的困境，网络化虚拟交易市场的开拓更弥补了茶农单一的销售方式。

梁如洁的勇于创新和她对这份事业的坚持，成功地开辟了创业路，不但她的店铺得到了快速发展，与她对接订购的茶农依靠亲亲子叶茶行，收入也得到很大的增加。

注重品牌，联合创业拓展市场

"茶品代表人品，品牌不仅意味着茶叶的好坏，更代表着公司的经营信誉、质量承诺。"这是梁如洁始终秉承的经营理念。在大学，梁如洁读的是法学专业，她深知知识产权和品牌的重要性。生意做大后，梁如洁非常注重店铺品牌信誉，她说："宁可自己吃亏，也不让客户和茶农有任何损失。"

为了更好打响自己的品牌，梁如洁自行设计"亲亲子叶"水叶太极图商标，寓意"亲你，亲我，亲自然"，倡导茶叶遵循自然、绿色、健康的理念，并向国家商标总局申请注册。在成功注册"亲亲子叶"文字和图形商标后，又推出"来共点"高档禅茶品牌。

有了自己的品牌，店铺生意也走上了正轨。梁如洁又有了新思路，抱团出击，抵御市场风险。她创建成立了洛克农业专业合作社，力推"茶农+基地+渠道"的新颖模式，在镜岭镇、回山镇、小将镇等高山茶优质产区，联合茶园1 000亩，与茶农签订了定点收购协议，辐射受益茶农2 000人以上，帮茶农增收20%以上。"茶农＋基地＋渠道"的新模式，既保障了店铺茶叶质量，又解决了茶农销售难的实际问题，并将公司的利益和茶农的利益捆绑在一起，同时，她整合在电子商务平台销售大佛龙井的其他人，建立大佛龙井产业联盟，将做茶的电商人整合成一个互相沟通、互相学习、分享资源、降低风险的年轻销售团队，这个团队进一步完善和加强了大佛龙井茶叶的销售渠道，为打响大佛龙井品牌，为家乡的茶叶香飘四海而作出了卓有成效的努力。

16年的自主创业，梁如洁在一直努力将家乡的茶叶分享到全国各地的同时，也真挚邀请全国的茶友们来新昌旅游，因为她一直说："只有将城里人吸引到农村来游玩、消费、生活，才能给农村带来流量和收益。"梁如洁一方面积极鼓励社员参加茶艺、插花、民宿管理等培训，提高游客的接待能力和服务水平。另一方面积极联系旅行社和学校，吸引他们到农村来开展各种研学游活动，丰富农村的业态。

16年的自主创业，梁如洁获得了成功，但她并不满足于现状，她清楚，在乡村振兴的快速发展中，最缺的就是年轻人的参与，而大学生的

盲目创业往往失败率比较高。梁如洁联合绍兴文理学院商学院、越秀外国语学院商学院、绍兴职业技术专业学校等大学，开展校内创业和校外优秀校友联合创业；带领着大学生们，以农业抖音短视频作为切入点，优秀校友联盟组织供应链，承担仓储、资金、商务洽谈等，大学生们根据供应链进行自主销售，并与他们时时沟通、时时指导，让他们更真实地走进农村进行抱团创业体验，迈出大学创业的第一步，以便毕业后更顺利地进入社会创业，也为大学生回归农村创业打下了基础。

梁如洁，作为新时代的大学毕业生，作为一名共产党员，在自主创业的路上，困难没有让她退缩，成功没有让她骄傲，荣誉也没有让她停止脚步。她在成为两个孩子的母亲之后，仍然不断地"马不扬鞭自奋蹄"，她参加国家部委首批头雁班学习，进入浙江大学、北京大学阶段性进修学习，碎片化时间在管理智慧、樊登读书会等App中吸收新知识，不断提升自己的管理和营销能力。

梁如洁，将激情与理性并存，将梦想与实践相融，将人生价值实现与奉献茶农同行。用实际行动，引领着家乡茶农的共同创新致富；用实

际行动,践行着一名共产党员自主创业的模范作用;用实际行动,兑现着对家庭、朋友和社会的责任承诺。

(陈 霞)

均一茶机的『王国梦』
——记新昌县均一机械有限公司董事长袁均富

新昌是全国产龙井茶的重点县域。茶产业的发展也带动了茶机的迅速发展，新昌的扁茶炒制机生产量占全国的70%、全省的80%。更值得炫耀的是，新昌是全国首台扁茶炒制机的发明地。

在新昌县城不远的西部，梅渚工业园区中小微科技创业园，可以清晰地看到"均一茶机"的标牌。我们受邀走进了新昌县均一机械有限公司，进入办公大厅，映入我们眼帘的是一面很大的电子显示屏，均一董事长袁均富介绍说："品质均一、永无止境、唯有求精、以报客户始终是均一信奉的经营理念。"通过显示屏，我们可以非常明晰地了解均一茶机的生产全过程、茶机数字化的功能以及均一茶机的服务理念和宗旨。

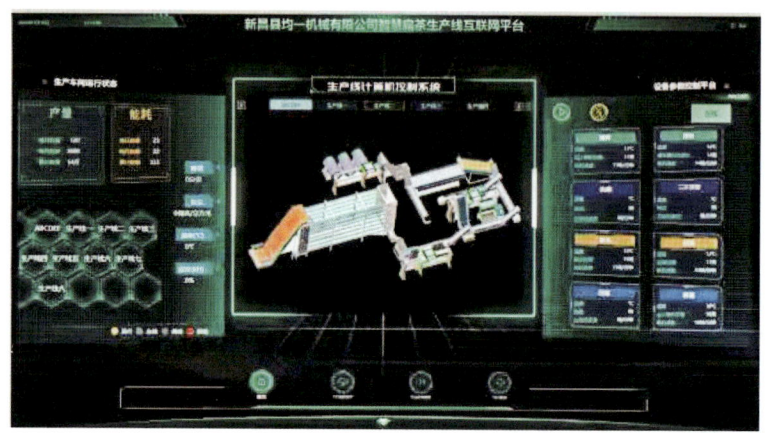

袁均富和我们说,均一茶机并不是新昌最早生产扁茶炒制机的厂家,但让均一茶机成为茶机行业的领跑者,却一直是他的"王国梦"。

坚韧不拔　梦想成真

袁均富,曾就读于新昌技校机电一体化专业,机械专业大专文凭,当过兵,在新昌机械制造企业工作过。袁均富告诉我们,他对农业机械的兴趣是受他父亲的影响。他父亲是20世纪80年代的一名公社农科员,他自幼跟随父亲穿梭于田间地头,指导村民们防治病虫害,跑县农技站学技术,到田间地头解民忧。耳濡目染之下,他深知农民劳作的艰辛与不易,从小也就对农业生产技术产生了浓厚的兴趣。彼时,他就暗下决心,在不久的将来一定要实现机械化代替人工,减轻农民劳作负荷。而这个最朴素的念头,也成了他日后创业的主旋律。

新昌茶产业迅速发展,成为新昌农业的主导产业,大佛龙井成为茶农的致富农产品,而龙井茶的炒制成本较高也成为制约茶产业发展的一个瓶颈。随着全国第一台扁茶炒制机专利在新昌诞生,扁茶炒制机在新昌迅速

均一茶机的"王国梦"——记新昌县均一机械有限公司董事长袁均富

发展起来,新昌也成为全省及至全国扁茶炒制机生产量最大的县域。

2007年,袁均富带着梦想、带着希望、带着自信,开始了他的茶机王国梦,研发生产制茶机械。创业初始,举步维艰,场地狭小,经验不足,资金也时常捉襟见肘。但即便在这样的艰苦条件下,他也从没想过放弃。狭小而简陋的车库里,袁均富与赖锵杰师徒一丝不苟地研究制茶工艺、研发制茶机械。制茶工艺优化、茶机图纸设计、零件打磨、机组组装、测试……每个环节他们都一丝不苟、精益求精。当然,研发过程并非一帆风顺,失败挫折在所难免。经过半年废寝忘食的不懈努力,历经前后17次不断地改进优化后,新昌县第一台燃气式80型六角辉锅机终于于2007年8月在梅园新村车库研制成功。2007年9月,新昌县南明街道均一茶业机械厂在南泥湾村成立,并注册"均一"商标。样机虽然研发成功了,但是规模化生产需要大量的资金。难题再一次摆在了袁均富的眼前,又一次,父亲坚定地站在了他的身后,将毕生积蓄悉数交给了他;同时,敢拼敢搏的袁均富,也得到了准岳父的高度认可和资金支持。在两位家长的支持下,他顺利解决了启动资金问题。

创业初始厂房,先后搬移两次

新昌茶人

售后服务　拓展市场

袁均富感慨地说："创业需要资金，但产品拓展市场，更需要的是优质的售后服务。产茶旺季时，客户不但要求售后服务随叫随到，更需要的是在第一时间及时让设备能正常运转。"

公司刚起步，由于技术人员匮乏，袁均富都是身先士卒冲在第一线，他不但钻研技术，研发产品，更是亲力亲为忙碌穿梭在生产、销售、售后的每个环节。一次，一名技术员给袁均富打电话，说有个大客户的机器设备出现了问题，他解决不了。听到这个消息，袁均富当即驱车前往，山路崎岖，弯弯绕绕开了快两个小时，到的时候天都黑了，袁均富马不停蹄，第一时间把自己"关"进了制茶车间。经过仔细检查，他发现，原来并非机器故障，而是客户的制茶工艺和机器的参数设置有较大差异。根据客户的实际需求，他立马对机器做了简单的调整，很快，设备正常运转，第一批香气扑鼻的茶叶就如清泉般在机器中奔涌流淌。客户当下就被袁均富的专业技术水准和经营风格所折服，成为均一的忠实客户。

通过这件事，袁均富深刻地意识到，购买均一设备的客户生产优质茶，是根据市场需求来定制优质茶的，而我们必须根据客户的要求来研发生产先进的炒茶机，才能拓展市场，才能在激烈的市场竞争中站稳"均一"品牌。为此，售后服务团队只懂得机器是不够的，还必须精通制茶工艺，而在制茶机械的设计过程中，必须考虑到不同的客户制茶工艺也是不尽相同的。袁均富为自己的服务团队制定了定期培训目标，目的是打造技术更加精湛、服务更加到位的专业技术服务队伍，均一茶机也通过不断地更新迭代，日趋优化和完善。

科技创新　领跑行业

自全国第一台扁茶炒制机在新昌诞生，新昌就成为全国扁茶炒制机产量最大的县域，均一茶机也是在茶机市场兴起之时，跨入了这个行业，也是茶机市场进入竞争激烈的阶段。袁均富告诉我们，创业需要毅力，市场需要服务，但稳定市场更需要高科技，产品的科技含量高，才能领跑行业，才能稳固市场。就这样，袁均富始终坚持科技创新，在成为领跑行业的创业路上，他从未停止过。

2008年寻常的一天，袁均富接到一个来自江苏省仪征市的客户要买茶机的电话。简单沟通后，对方第二天便来到公司进行实地考察。考察了工厂、走访了均一的几个客户，当即确定了六台辉锅机订单。这是均一茶机首次销往外省。

2008年9月，均一首创新型扁形茶炒制机投入量产并成功下线，扁茶机极大地减轻了茶农制茶的劳动强度，这也为均一茶机在广大茶农中赢得了较高的声誉。2010年，新昌县均一机械有限公司成立，主要从事扁形茶茶机研发、制造与销售。由于均一追求产品品质，重视企业信誉，扁形茶茶机在国内茶机市场取得了较大成功。2011年，均一全自动扁形茶炒制机研发成功，至此，均一茶机开始向智能化、标准化迈进。

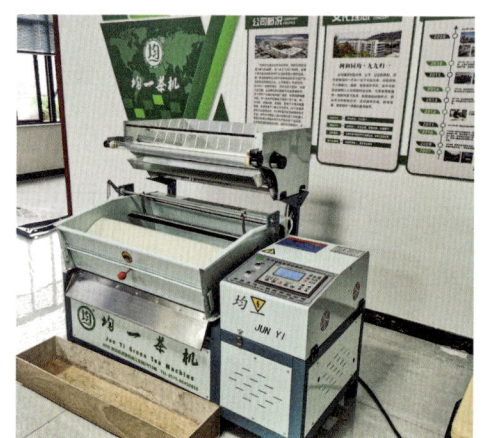

2012年，中国首台扁茶机发明人丁岁放先生携子丁恩阳先生加入均一，为袁均富带来了不可估量的商业价值和精神内核，均一茶机如虎添翼，强强联合精品辈出。2013年，均一茶机闯出国门远销海外，出口孟加拉国，之后，均一茶机更成功打入印度、斯里兰卡、肯尼亚等产茶大国并保持持续供货。

均一茶机的"王国梦"——记新昌县均一机械有限公司董事长袁均富

随着5G时代的到来，嗅觉敏锐的袁均富意识到，5G定然是未来的发展趋势，对于制造业来说，是真正的蓝海。他在心里有了一个更远大的目标：向智能制造领域延伸与发展。

2015年7月，袁均富创立加农公司研究数字化平台及物联网茶机。旨在进一步提升茶机的标准化、智能化，实现制茶简便化、可视化，让茶叶品质更具稳定性、可控性。当年，均一成功研发了"均唯"座舱系列产品，产品投放市场后，反应强烈，深受客户追捧。

2016年，一体化全自动龙井茶生产线研发成功并获国家发明专利。之后公司厚积薄发，研制了一系列均一经典产品。

2018年，袁均富成功购置了绍兴市首块工业地产，为进一步扩大生产规模奠定了基础。2019年是数字化项目暴发的黄金时代。功夫不负有心人，经过不断的设备升级与更迭，均一茶机终于在这一年做到了茶叶不落地的历史性突破，茶叶采摘后直接投入加工，中间环节全都在机器上完成。同时，均一还研制上线了茶园气候检测系统、茶企业生产管理体系数字化等项目。

2020年公司正式入驻中小微科技创业园，宽敞明亮的厂房是袁均富又一个崭新的起点。

一路走来，袁均富总是冲在一线，带领团队征战四方，他既是技术骨干，又是金牌业务员、机械培训师、售后服务员，而伴随他成长的是不断提升的产品品质和不断扩大的市场份额。

当我们问袁均富，在你16年的创业经历中，是什么力量让你在行业中保持领先，他坦诚地说："我们均一茶机之所以能在行业中领先，关键的关键是我们设备的科技含量及设备的材料在行业中是过硬的、领先的。"

均一茶机的"王国梦"——记新昌县均一机械有限公司董事长袁均富

初心如磐　奋楫笃行

袁均富告诉我们：有一种力量，穿透心扉、激荡心灵，那是初心如磐的力量；有一种精神，指引方向、激励奋起，那是奋楫笃行的精神。

创业十六载，袁均富以脚踏实地的稳健和锐意进取的创新精神，走出了一条转型升级的创业路。十六年间，新昌县均一机械有限公司获奖无数：首批 AAA 级信用企业、浙江省科技型企业、浙江省高新企业、浙江省机械行业示范企业、浙江省重质量守诚信双优单位、茶叶理条机行业十大品牌、浙江省纳税信用 A 级纳税企业等，并先后获得实用新型及科学技术成果登记等各项专利 30 余项。

"坚持做好茶机，稳扎稳打，一步步为茶农增级增效，口碑载道铸就今天均一"是均一的发展理念。"均一"品牌，彰显的是：利和同均，九九归一。袁均富把企业取得的成效，归功于每一个为此奋斗的全体员工和均一的客户，真正做到了知行合一、初心不忘。

今天的新昌县均一机械有限公司是一家涵盖整套自动茶叶装备制造研发与生产的综合科技型企业，专业生产扁茶机、辉锅机、理条机、吹片机、摊青机。公司在全自动扁形茶炒制机的基础上，结合现代工艺设计出了一套集全自动茶叶摊青、杀青、理条、上料、炒制、辉锅及筛选于一体的现代化茶叶生产设备。所有工序一次到位，效率高、测算准，袁均富真正做到了将科技红利带给每一位制茶人和饮茶人。

初心如磐，奋楫笃行。制茶人为市场精心炒制了一叶又一叶的龙井茶，而"均一"为制茶人研制了一台又一台、一套又一套高科技含量的炒茶机。若你也是一个爱茶之人，当你每次品尝到色泽嫩绿、醇厚甘爽的龙井茶，那么，也请你偶尔记起这个默默在背后挥汗如雨的均一掌门人——袁均富。相信他必定能在实现他的均一茶机"王国梦"的创业路上，不断谱写时代新篇章！

（陈 霞）

恒峰茶机的传承人
——记浙江恒峰科技开发有限公司总经理求利东

求利东，出生于 1985 年，浙江恒峰科技总经理，高级工程师。

浙江恒峰科技开发有限公司成立于 1998 年，是一家专业生产、研发、销售扁形茶（龙井茶）加工设备的厂家，也是茶机行业标准的起草单位之一，茶机销量处于行业领先。

茶叶机械属于农业机械的一小类，顾名思义，茶叶机械就是炒制茶叶的加工设备，品种繁多，如红茶加工、绿茶加工等大类设备，而恒峰科技是专业生产绿茶加工设备中的扁形茶加工设备，俗称龙井茶加工设备。在整个市场主体中，茶叶机械是一个相对细分的领域，专业性极强，恒峰科技在茶叶机械领域中，精耕细作了 20 年，产品追求极致，一直处于行业领先地位。

恒峰茶机，领先起步

恒峰科技由求利东的父亲求绍余创立。

新昌县是一个产茶大县，农村老百姓的收入大多来源于茶叶，20世纪90年代，扁形茶（龙井茶）炒制技术从杭州引入，新昌茶农开始炒制龙井茶，起初龙井茶是纯手工炒制。炒制工艺是用手直接与近200℃铁锅直接接触炒制茶叶。这样的工艺产量很低，而且劳动强度高，一不小心就可能将手烫伤，对人体伤害也很大。

求绍余，来自农村产茶区，也是茶叶从业者，看到茶农炒茶的现状，一直在琢磨，是否能做一款机器，代替人工炒制方式。就是因为这个纯粹的想法，才有了扁形茶（龙井茶）炒制机的问世，他成为该行业的重要开创者之一，也是改革开放以来的第一代奋斗者，有着老一辈艰苦奋斗、不惧困难、坚韧不拔的精神。

但是一个新产品从无到有，从有到成熟，要打破茶农固有的加工思维，哪是那么简单的事情。他一直不断对产品改进，坚持了五年，产品

的不成熟，茶农的质疑，都曾让他一度想要放弃，直到2004年顶锅式龙井茶机的研发成功，加工质量超越了传统的手工炒制加工工艺，产品得到了广大茶农的认可，产品销量一下子猛增。2005年、2006年恒峰牌茶机分别获得新昌县与浙江省龙井茶

恒峰茶机的传承人——记浙江恒峰科技开发有限公司总经理求利东

加工大赛一等奖,恒峰牌茶机因此声名鹊起,成为行业中的标杆。恒峰科技规模也不断扩大,2009年新建厂房13 000平方米,年产能达1万台。

承接恒峰,潜心创业

2008年,求利东大学毕业,正值恒峰科技的规模迅速扩大,父亲因多种原因,急需生产与管理上的得力助手。这样求利东顺理成章地进入了恒峰科技。一开始,求利东有些不情愿,觉得茶机这个行业比较低端,接触的客户都是农民,他不愿意去深入了解这个行业,不愿意了解产品技术,也不愿意与茶农客户沟通,早些年只是干些文职类的工作,也就无法体会父亲的辛苦和压力。

到了2011年,扁形茶炒制机又迎来一次新的革命。因劳动者年龄增大,传统的扁形茶炒制机的加工水平不能满足新的炒制需求,各生产厂家都在抓紧研发全自动扁形茶炒制机,全自动扁形茶炒制机的研发速度与研发质量决定了企业今后的发展。

恒峰科技一直以来是行业标杆,所以面临的压力更大。然而这个蜕变的过程非常艰辛。2011年第一代全自动扁形茶炒制机一上市就面临着很多的问题,产品技术不够成熟,稳定性不强;客户文化水平不高,操作难度大;同行业之间激烈的竞争等。也是从2011年开始,种种问题打破了以往稳定发展的局面,让恒峰科技生存面临巨大的危机。

因售后的压力大,从事文职类工作的求利东也被父亲派出去服务茶农,当起了驾驶员。求利东跟着售后服务人员,每天开车几百千米,一家一家地跑。有时碰到不能及时解决客户的问题,需要面对客户的责骂,求利东觉得身心疲惫,第一次觉得这个行业太难了,甚至觉得这个行业不是"人"干的行业,他第一次深深地体会到了父亲的不易,也是从那时主动向父亲提出自己愿意从事这个行业。

2012年，求利东开始真正接触茶叶机械这个行业，为了锻炼求利东，父亲把总经理位置交给了他，自己退居二线。让他感到，真正的压力与挑战远不是做个司机那么简单！必须沉下心来，学习炒茶技术、研究机械构造等专业技术；担任总经理更不是那么容易，第一是产品问题，产品更新迭代，全自动扁形茶炒制机的设计需要极强的专业性，需要对茶叶炒制工艺、机械构造设计、电器程序化设计都要有全面的了解，需要掌握的知识太多了，求利东发现以前学校所学的知识远远不够用；第二是车间的管理问题，员工的服从问题，员工工资核算的标准等；第三是财务和税务问题；第四是销售的问题；第五是售后服务问题，这一系列问题一下子压在了求利东身上。

太难了，太难了，此时的求利东深刻地体会到"父亲这么多年太难了"。为了尽快适应总经理一职，他潜下心来自学机械三维画图软件；自己收购青叶、自己炒制茶叶，深刻了解茶叶加工工艺；学习管理、财务课程等，一边干一边学，求利东很快熟悉掌握了茶机制造的专业知识和技能。

精耕细作，创新发展

一个产品，一个企业的成功哪能那么简单！2013年，全自动扁形茶炒制机开始全面普及，传统的手工扁形茶炒制机逐渐被淘汰，行业也面临大洗牌，对相关企业又是一次机遇与挑战。

求利东认识到，初期的全自动扁形茶炒制机电器选型质量问题、电路设计问题、机械结构问题都有待市场的检验。除此之外，恒峰科技面临最大的问题是售后服务。茶机的客户基本都是茶农，普遍文化知识不高，智能手机都不会用，面对自动化水平如此之高的茶机基本都不会用。

培训茶农的工作，就给求利东带来了相当大的压力。

茶机的售后服务有几个特殊性：其一，路途遥远，基本在大山里；其二，茶农普遍年龄偏大，动手能力比较弱；其三，时间比较集中、时间要求比较高、茶叶不等人；其四，基数比较大，几乎家家都有。基于以上原因，再加上正处于全自动炒茶机全面普及期，茶机的售后服务遇到了前所未有的挑战。每天售后电话被打爆，客户的责骂、投诉等问题让求利东感受到巨大的压力，他实在太累了，也曾想过要放弃。但他仔细沉思，恒峰科技来之不易，那是父亲多年的心血，他决不能放弃！

求利东重新整理了思绪，为了彻底解决售后的难题，他对所有的问题逐一进行总结和分析：第一，提高产品质量，是解决售后的根本；更换产品供应商，特别是电器供应商换成进口或国内知名品牌；加强企业内部检验环节。第二，落实经销商售后服务责任制，增加经销商经销利润，把售后环节转嫁到经销商身上，扩大售后服务团队。第三，加强售后服务培训，通过现场培训与网络培训的方式，让茶农自己学会操作机器与修理机器。

通过以上几条措施，产品质量逐年提升，售后问题也得以解决。求利东成功从父亲那里接过了接力棒，恒峰牌茶机在全自动扁形茶炒制机的普及中也依旧保持了行业的标杆地位。

担任恒峰科技总经理的几年中,让求利东逐渐体会到更深的意义:在这个行业中,不仅只是赚钱那么简单,每当帮茶农解决问题的时候,每当听到茶农赚钱的时候,他心里无比满足;这个行业能帮助太多的人了,这也让他心里无比的骄傲。

求利东从一开始对这个行业的排斥到现在完全沉浸其中,恒峰科技发展也越来越好。在这几年的茶机设计开发中,他取得了两项发明专利,三项实用新型专利;作为第一起草人起草了一项行业标准,参与起草了四项行业标准;作为第一起草人起草了一项浙江省制造团体标准,参与了一项浙江制造团体标准;主导的"扁形名优茶自动化连续加工成套设备"获得2018年浙江省装备制造业重点领域首台(套)的产品认定;2022年主导完成"数字化龙井茶加工成套设备"项目的研发。

恒峰科技先后荣获高新技术企业、浙江省茶机行业十佳优秀企业、浙江省农业科技企业、新昌县专利示范企业、绍兴市著名商标、绍兴市诚信企业、新昌县农业龙头企业等称号,还获得新昌县农业科技创新奖、新昌县农业龙头跨越奖、新昌县中小企业跨越奖等荣誉。在茶机质量评比中,还先后获得省级五次金奖与两次一等奖殊荣,获得金奖与一等奖数量在全省同行中领先。

恒峰茶机的传承人——记浙江恒峰科技开发有限公司总经理求利东

尽管如此,求利东说,他从事茶机工作时间不长,学识还不够,还得加强学习,不断提高自己的业务水平,争取做一名合格的茶机工程师,为振兴茶机产业多作贡献。

(金 杰)

退伍不褪色，用一片叶子富裕八方百姓
——记新昌『茶二代』盛文斌

盛文斌，1987年出生于新昌县回山镇新市场村宅后王村，是地地道道的新昌"茶二代"。3岁那年，他便跟随长辈们在茶山行走，小小的个头不时踮起脚、努力模仿着大人们的样子劳作。5岁时，他开始学采茶，一捻、一掰，要花好大力气才能把茶叶摘下来，一张小脸常常憋得通红，要强的盛文斌每天都要求自己完成给自己制定的当天采摘目标。就这样，童年的时光大都流淌在茶园间。六年级时，盛文斌已经可以自己手工制茶、卖茶了。这也为他后来的事业埋下了伏笔。

退伍不褪色，用一片叶子富裕八方百姓——记新昌"茶二代"盛文斌

退伍返乡　从事茶苗产业

2006年，19岁的盛文斌响应祖国号召应征入伍。在部队的五年时间，他先后获得优秀士兵、两枚个人三等功等多项荣誉，同时加入中国共产党成为一名共产党员，部队培养了他坚韧不拔、刻苦钻研的可贵品质。2011年12月他选择退役返乡，因从小受到茶乡茶业的熏陶，父亲又是当地繁育良种茶苗的带头人，当他了解到发展良种茶苗不但能使茶农致富，推动新昌茶业的健康发展还能服务于全国各地茶产业实现精准扶贫。因此，他毅然放弃了城市工作，决定返乡创业，并于2011年年底正式走上了茶树良种繁育与营销事业。

创新技术　坚持高品质发展

理想很丰满，现实很骨感。刚接触良种茶苗繁育的盛文斌既不懂业务也欠缺技术，完全是个"门外汉"。他凭着在部队里养成的刻苦钻研精神，勤奋好学，先后跟随父亲以及全县的育苗能手学习，积极参加各类茶技研修班，常常往返于育苗实践基地和省城中茶所，不断积累经验。功夫不负有心人。渐渐地，学习能力极强的盛文斌成了既懂理论又有实践经验的行家。他只要到苗圃里看一眼，就能发现问题，辨别茶苗的品种及好坏。

掌握了技术、熟悉了业务之后，自然就发现了问题与短板所在。盛文斌在不断深入研究后发现，20世纪90年代新昌良种茶苗发展迅猛，供不应求，但2005年后育苗质量开始下降，外地客户对新昌茶苗质量的好评度下降，茶苗也由畅销转滞销，茶苗价更是跌至5分钱一株也无人问津，育苗户不仅无利可得还要亏本。到2010年全县育苗从1亿多株降至不足5 000万株，盛文斌究其原因，主要出在茶苗的质量上。为了解决这个问

题，盛文斌坚定地认为良种茶苗必须走高标准高质量发展之路，以点带面，从组织合作社入手。

2012年5月，由盛文斌发起的新昌县科农茶树专业合作社正式成立。按照高标准、高质量发展的目标，盛文斌不断引进新品种，统一扦插规格与技术标准，要求社员必须做到品种纯、长势好、无病虫等硬性条件。经过两三年的努力，新昌茶苗在外地茶农中普遍反映"长势好、品种纯、成活高、成园快"，从那以后茶苗销势由滞转畅、慕名而来的人越来越多，合作社成员也从5户增长到50多户，盛文斌本着"适销对路"的原则，开发"中茶111""中茶125""紫娟"等茶苗良种100多个，以满足不同茶区所需。

2014年，盛文斌成为中国茶叶学会的会员，与中国农业科学院茶叶研究所签订委托育苗协议书，合作社也成为国家茶科所的育苗基地。其间，他带着合作社社员们申报国家等级品种"天姥金叶1号""天姥金叶2号""天姥金叶3号"；申报发明专利"开沟施肥机"等6项。在盛文斌的带领下，良种茶苗已成了新昌茶业中一项重要的产业。

网络助力　创新营销模式

信息技术不断发展，时代车轮滚滚向前。在互联网新时代的指引下，盛文斌想利用网络平台，开辟线上营销新模式。可当他告诉父亲一年的推广费用要20多万元时，父亲表示了反对。和茶叶打了半辈子交道的父亲认为，种茶、采茶的人都是农民，在网上卖不了茶苗。但盛文斌觉得农产品"触网"是大势所趋，他一定要试试。

后来，盛文斌悉心钻研茶叶网络营销技巧，将新昌茶苗的信息辐射至全国各地，不少新客户自发前来。在"十三五"期间，合作社繁育的茶苗辐射全国27个省（自治区、直辖市）、405个县，茶苗销售共9亿余株。2012年5月，合作社网络销售额已超过400万元。尝到甜头后，盛文斌乘胜追击，在后面的几年里充分利用视频号、抖音号等新媒体手段不断宣传。在他的网店里，满是各地茶农留下的好评，"茶苗很漂亮，老板服务态度很好""店主热情耐心，茶苗货真价实"等。儿子的成功，也让最初不同意网络销售的父亲心服口服。

爱心扶贫　关注社会公益事业

致富不忘感恩，多年来盛文斌一直走在慈善公益的路上。他服务于全国茶区产业发展，无偿提供技术指导，茶苗捐赠以及茶叶制作等技术扶持。近年来，他帮扶中西部发展茶叶种植面积30多万亩，直接或间接带动省外贫困地区就业人数超400万人次。还为山东、山西等20多个省份免费提供种植技术、管理和制茶技术的培训。

从2016年起，他每年坚持走访慰问百岁老人、抗战老兵、武警官兵，给学校捐赠物资、设立奖学金。2021年4月，盛文斌向新昌技师

学院捐助建立茶叶专业实训基地，还作为顾问和院聘指导教师，推进院校茶艺与茶营销专业校企合作、产教融合，指导学院茶艺与茶营销专业发展。

富民强县 助力乡村振兴

抓住文旅融合契机，助力乡村振兴。盛文斌成立了新昌向天农业科技股份有限公司，并注册了"天姥金叶""天姥茶院""天姥茶博园"等商标。他决心走出一条产学研融合发展之路，创办研究所、茶博园、创业培训基地等。

近日，盛文斌按照新昌县委县政府的部署，结合浙江省级乡村振兴产业示范县重大项目，落地东茗乡金山村，全身心投入茶产业数字化建设中，历时两个月，制订完成了《大佛龙井育苗环节数字化示范项目建设方案》，并被纳入省级试点项目，项目建成后，育苗将实现低成本、高效率、快速度、递增式发展，有效提高茶产业的发展质量和综合效益。

乡村振兴，带民致富。创业10余年来，盛文斌用自己的实际行动向社会展示了一名退役军人不怕苦不怕难的优秀品质，他不仅自己创业致富，还带领乡亲们致富，为新昌茶苗产业发展作出了巨大的贡献。盛文斌突出的成绩获得了社会的一致好评。

退伍不褪色，用一片叶子富裕八方百姓——记新昌"茶二代"盛文斌

近年来，盛文斌先后荣获了"百县、百茶、百人"茶产业助力脱贫攻坚、乡村振兴先进个人称号、"浙江省最美退役军人"称号、"浙江青年创业奖"、浙江工匠、全国退役军人创业光荣榜、全国向上向善好青年等多项国家省市县级荣誉。2019年盛文斌被列为第19届杭州亚运会圣火传递火炬手、2021年盛文斌带领团队在第七届中国国际互联网＋大学生创业创新大赛总决赛上荣获金奖。

盛文斌认为，自己能取得现在的成就，要归功于党的教育、部队的培养、政府的支持和社员的共同努力。今后将加倍努力，团结广大社员与全县同仁，让新昌县茶苗产业不断健康发展，走向世界。

（俞佳颖）

留白 让她的人生精彩

——记国家一级茶艺师蔡瑜

留白,意喻留一点空白,不要让生命失去本色;留一点空白,让生命焕发色彩。人生就是一个大舞台,人们各自扮演着自己的角色,要想演得精彩,演得壮美,有气魄,就应该给自己留有空间,正确看待得失,留有空白,则更增情趣。因为空白不是苍白,而是一种境界,一种襟怀,一种超然。

在新昌里江北历史文化街区,有一家留白·茶空间。因为拍摄大佛龙井宣传片需要一位茶艺师泡茶的镜头。经新昌县茶叶站研究员孙利

留白 让她的人生精彩——记国家一级茶艺师蔡瑜

育的推荐，我们走进了留白·茶空间。

推门进去，一种素雅、自然的感觉扑面而来，让人淡然，让人释怀！摄影师忙碌拍摄泡茶的场景，笔者情不自禁对留白·茶空间细细地观察。走进培训教室，其中最大的一面展示墙吸引了我，墙上摆满了留白·茶空间主人——蔡瑜的各种证书和获奖荣誉。

留白·茶空间创始人——蔡瑜，民盟新昌县基层委员会盟员、新昌县茶文化研究会第二届理事会理事、新昌县科普志愿讲师团成员、新昌县新联会会员、国家一级茶艺师高级技师、高级制茶师，浙江省技能人才评价高级考评员。

早有耳闻,在茶界,蔡瑜是一位传奇的茶艺师。端庄、文雅、秀气,她是从越剧转行到茶艺,2013年10月,在浙江省茶艺师职业技能竞赛上,她凭借新昌独创茶艺《佛缘天香》,获得第二届全国茶艺职业技能竞赛总决赛金奖,荣获"全国技术能手"称号。

拍摄完视频,我们坐下来品茶,和蔡瑜聊起了她的茶人生。

蔡瑜一边用娴熟柔美的茶技给我们泡茶,一边笑盈盈地讲述自己的故事。她说,从小她就与茶结缘,耳濡目染,少有积成。2000年,那年她刚满14岁,进入新昌越剧艺术学校学习越剧,正逢新昌县政府组建茶艺队,她有幸成为其中的一员,先后到上海、济南、北京、银川、深圳、西安等地参加茶艺表演,宣传推广大佛龙井。这支茶艺队,小姑娘们形象可爱、技艺娴熟,每到一个地方,都会受到好评。对我们新昌大佛龙井的推广出了很大的力。

辗转南北的经历,让蔡瑜爱上了专业茶艺,2008年3月,她考取了国家茶艺师职业资格证书,同年4月参加由新昌县劳动和社会保障局、新昌风景旅游管理局举办的"天然居"杯茶艺师职业技能大赛,获得第一名。2011年3月,她又参加浙江省"松阳银猴"杯茶艺师职业技能竞赛,获得国家职业资格茶艺师三级等级证书。

蔡瑜还告诉我们,让她收获最大体会最深的是她在2013年5月"浙江省'大佛龙井'杯茶艺师职业技能竞赛"上。她参赛的茶艺是新昌县独创的《佛缘天香》,这一茶艺表演很好地把新昌茶叶、历史、戏曲整合呈现,诠释了佛缘即茶缘,茶缘即人缘,将佛教文化与茶文化结合得恰到好处。蔡瑜满怀激情地说:"当我唱着越剧小调,缓缓步入现场,赏茶、温杯、置茶、润茶、摇香、注水、润杯、出汤、分茶、奉茶,整套动作一气呵成。"表演结束,评委专家团一致认为,《佛缘天香》把柔美

留白　让她的人生精彩——记国家一级茶艺师蔡瑜

娴熟的茶艺和柔和悠扬的解说融合得浑然天成，将大佛龙井的本色、馨香、真味、形态进行了充分的展示和演绎。她因此获得了比赛的第一名。同年10月，在"武阳春雨"杯茶艺师职业技能竞赛中，再次获得个人赛"最佳茶艺师金奖"，同年她也晋升为国家一级茶艺师。

从2011年至今，蔡瑜还前后担任讲师或受聘到乡镇、街道，企业，在新昌社区学院、新昌技师学院、南明小学、蓝天幼儿园等授课，也开办少儿茶艺班，以小朋友喜闻乐见的形式开展培训，让他们在杯杯盏盏之间，遇见一片神奇的树叶，发现一种有趣的生活，在习茶、品茶中感受中国传统文化的熏陶，养成积极健康的人生观与价值观，以传播博大精深的茶文化，给孩子幼小的心灵播下爱茶习茶的种子。

她还以留白·茶空间为阵地，邀请当地各界文人雅士参与，举办茶会雅集；或到社区、到企业、到农村，开办多期以"茶·让生活更美好"等为主题的成人培训，结合茶艺茶道授课，深挖细抠，帮助茶农茶人深层挖掘茶的品质，提高他们三产融合、专业发展的应变能力。

近年来，蔡瑜还相继获得了浙江工匠、浙江省首席技师、浙江省五一劳动奖章、浙江省技术能手、浙江省青年岗位能手、浙江省"巾帼建功"标兵等荣誉。蔡瑜在获得茶艺师最高等级职称后,依然坚持学习。2018年3—12月,她参加了中国农业科学院茶叶研究所举办的"第四届茶艺师资培训班"学习,顺利结业,并获得"优秀学员"荣誉称号。同时,她还参加了评茶员、龙井研修班等课程,加深对茶叶本身的认知;学习书法、绘画等艺术,增加茶艺的艺术底蕴。2020年8月,蔡瑜以茶艺导师的身份,带队参加绍兴市职业技能茶艺师比赛,各团队选手分别获得了大赛二等奖,"风采之星""创意之星"等好成绩。

说到这些荣誉和成绩,蔡瑜深有感触地说:"是新昌县大佛龙井产业的发展,让我们有了学习茶艺的动机,也有了展示才华的舞台。我希望有更多的人喜欢新昌独创的茶艺,提升新昌茶文化水平,进一步提高大佛龙井在全国的影响力。"

当笔者问她,你是怎么想到创办这家留白·茶空间的。

蔡瑜说,茶叶是劳动生产物,是一种饮料。茶文化是以茶为载体,通过这个载体来传播各种文化,是茶与文化的有机融合,这包含和体现一定时期的物质文明和精神文明。茶文化也是茶艺与精神的结合,通过茶艺表现精神。茶艺的文化是包括茶叶品评技法和艺术操作手段的鉴赏

留白 让她的人生精彩——记国家一级茶艺师蔡瑜

以及品茗美好环境的领略等整个品茶过程的美好意境，其过程体现形式和精神的相互统一，是饮茶活动过程中形成的文化现象。

而新昌的大佛龙井早已闻名全国，进入中国茶叶公用品牌十强也已经10多年了，但如何通过茶文化的传播，增加大佛龙井的品牌文化内涵，提升大佛龙井的品牌价值，尤其是新昌作为浙东唐诗之路的精华地、首倡地，茶业茶艺茶道历史发展悠久，正是需要我们茶艺师来深入挖掘，通过传承和创新来弘扬新昌的茶文化。

当下高手如云，茶馆林立。蔡瑜和我们说，作为一名国家一级茶艺师，除了坚持精益求精，匠心铸魂，每年参加中国农业科学院茶叶研究所及省、市举办的专业研修、进修学习，加快知识更新，努力培养自己成长为彰显时代担当、名副其实的一代新茶人以外，更需要我们年轻一代的茶艺师坚持创新致远，不忘初心。2019年，她就创办了这家留白·茶空间，以此为基地，缘茶交友，以茶传道，举办茶会雅集，面向社会各阶层，各年龄段对象，特别是城乡广大涉茶习茶爱好者，丰富教学形式，积极创造条件，精心组织和开展各类集中性或点对点的茶艺培训。按蔡瑜自己的话说，目的是传播中国茶文化，培养更多新茶人，为振兴农村经济，共建美丽新昌添砖加瓦。

留白是一家集销售、展示、传播茶文化推广的茶空间，占地面积约 1 000 平方米，承办各类茶会雅集、活动策划，并常年开设精品成人、少儿茶艺及成人习茶培训班，荣获绍兴市蔡瑜茶艺技能大师工作室、绍兴市蔡瑜乡村工匠工作室、新昌县女性创业创新基地、中共新昌县委统战部同心共富基地等授牌。以传播茶知识，弘扬茶文化为己任。

给自己适当留些空白，也是人生一种靓色，一种超然。人的一生是个不断留白的过程。不管什么年龄段的人，或男或女，都应该懂得留白的艺术。这是蔡瑜创办留白·茶空间的初心、意境和目的。

2022年7月，蔡瑜成立了新昌县留白职业技能培训学校有限公司，教学设备齐全，设有多个培训教室，为培养更多的技术型人才，学校申请开设茶艺员、评茶员、插花花艺师等工种，为提高社会就业作出了一定的贡献。现已培训初级插花花艺师36人，初级茶艺师31人。多年来培训累计达到22 000人次，在新昌当地已有一定影响力。

茶只需七分满，如做人一般留下三分余地，就如同水墨画中的留白，讲究个退一步。能者，留物；智者，储物；慧者，留白。

留白，也让蔡瑜的人生充满了精彩！

（陈　霞）

"茶"与"艺"的融合 让茶叶艺术升华
——记梅苑工作室的两位茶艺师

2021年10月16日上午,在青岛市举办的第10届中国(青岛)国际茶产业博览会暨2021浙江绿茶博览会上,两位来自浙江新昌的茶艺师伴着悠扬的音乐,翩翩起舞亮相在浙江省农业农村厅举办的西湖龙井、大佛龙井、安吉白茶、丽水香茶等系列品牌推介会的舞台,她们以轻盈柔美、曼妙优雅的舞姿和娴熟的茶艺,向来自全国各地的贵宾和嘉宾展示了精彩的大佛龙井茶艺表演,也深深吸引了场外来自全国各地的茶企和茶商,喝彩声不断!

"茶艺不仅是泡茶过程的展现,还可以与舞与艺这么巧妙地融合,太美妙太精彩了!"这是在场的宾客一致的反映，也让在场宾客真切地体验到了"浙江龙井"的深厚底蕴。

这两位茶艺师，分别是吴玉梅和周亚枢，都是来自茶乡——浙江新昌，她们也都是新昌梅苑工作室的两位高级茶艺师。说起来也巧，在一次聚会时，她们俩告诉笔者，她们都属鸡，相差一轮，但却是同月同日的出生日，也许是这种巧合，也许是她们都对茶艺的喜爱，让她们走到了一起，并共同创办了"梅苑工作室"。

是她们创新的创办模式，是她们绝佳的茶艺表演，是她们超俗的茶韵内涵，让她们的"梅苑工作室"在茶界已经有了一定的知名度。

笔者在梅苑工作室一边品茶一边和她们聊起了她们的茶人生。

吴玉梅——被迫改艺与茶结缘

吴玉梅，新昌梅苑工作室创始人，国家一级高级茶艺技师，二级评茶师，国家高级考评员，裁判员。先后被授予"全国技术能手""浙江省特支计划青年领军人才""浙江工匠""绍兴市名士之乡拔尖人才""绍兴市领雁人才"等荣誉称号。

凡见过吴玉梅的人，都会被她的瓜子小脸、苗条身形，白白净净的

"茶"与"艺"的融合 让茶叶艺术升华——记梅苑工作室的两位茶艺师

外表所吸引，糯软甜美的说话声腔和嫣然一笑的娴静姿态，给人留下深刻的印象。

也许就是她身上的天生丽质，让她从小就结下戏缘，她自幼学习越剧。吴玉梅告诉我们说"我小时候的梦想，是成为一名优秀的戏曲演员。"艺校毕业后正式成为了一名越剧演员。原本她的人生，应是一直闪耀在戏曲舞台之上。

造化弄人，长时间的浓重油彩，面部产生了严重过敏，久治不愈。对于一个越剧演员来说，这是致命的打击，只能做出抉择，被迫放弃了多年奋斗的戏曲舞台。

2012年，吴玉梅回到家乡，开始漫无目的地择业。此时，恰逢新昌县人力社保局与新昌电视大学联合推出首期初级茶艺师培训班。电大老师对吴玉梅说："你的气质适合学这门本事，可以去试一试。"吴玉梅报了名，决定去开开眼界。

培训班的第一堂课，她就被老师妙手翻飞间的自信与优雅深深打动了，原来泡茶可以这么美好，吴玉梅决心要学好这门茶与艺相结合的技术，自此结下茶缘。

茶艺培训的日子如白驹过隙。吴玉梅学得十分用心，同时因为学过戏曲，动作也格外柔美温婉，深受大家好评。

2016年她开始登上了竞技的舞台。2016年5月，"望海茶杯"第三届浙江省茶艺师职业技能竞赛在宁海举行，吴玉梅通过层层选拔，代表新昌县参加这次全省的茶艺技能竞赛。这是吴玉梅第一次参加全省性的竞赛，她在老师的指导下，将她从小打下的戏台艺技和茶艺表演完美地融合在一起。赛场上，吴玉梅唱着家乡越剧缓缓步入赛场，温杯、摇香、冲泡妙手翻飞，用曼妙娴熟的茶艺与柔和婉约的解说，展示大佛龙井的特性，惊艳全场，并最终获得了第一名。

接着，她又参加了第三届全国茶艺职业技能总决赛，也以骄人的成绩斩获了银奖，是专业比赛上难得的90后茶艺新星。

有遗憾，才有完美。谈及这次比赛经历，她感慨道，备赛的半年时间里，在高度密集的学习节奏下，各方面都有了极大的提升，虽然获得银奖让她留有些许遗憾，但也正是这份遗憾，让她未满足现状，始终保持一份好学之心。

获得荣誉之后，众多省级的大型企业纷纷邀请吴玉梅到他们公司担任企业形象大使。"传统茶文化的传承与传播需要更多年轻一代的茶艺师去坚持。不能把获奖当作一块跳板，应该回到家乡，让更多的年轻人喜欢上茶，成为茶文化的传播者。"这是老师在颁奖之后，握着吴玉梅的手，谆谆嘱托。吴玉梅婉言回绝了大企业的聘请。回家乡之后，老师的话让她感触很深，她特别想在这方面做一些努力，萌发了成为一名茶艺老师的想法。于是她开始不断地向更高层次的知识学习，夯实胜任茶艺老师的知识基础。先后又参加了中国茶叶研究所举办的"茶叶审评、加工制作、茶产业经营管理与产业升级、茶艺师资"等课程的培训。

"茶"与"艺"的融合 让茶叶艺术升华——记梅苑工作室的两位茶艺师

2017年12月,"梅苑工作室"正式成立。她希望通过传承与创新的结合,茶叶与艺术的融合,创新茶艺技能新课程,创新茶艺表演新模式。于是,梅苑工作室在传统茶艺课程的基础上,开设了仿宋点茶、茶与调饮、茶果制作等新课程,让更多年轻人了解到茶知识的丰富内涵,从了解茶到喜欢上茶;在科学地泡好一杯茶的前提下,融入了多种艺术形式,让茶艺表演更具艺术美感和欣赏性。以上两个创新,让梅苑工作室从创办开始就深受大家好评,也取得了令人惊喜的成绩。

周亚枢——与茶结缘 改变人生

周亚枢,新昌梅苑工作室合作人,国家二级茶艺师、二级评茶师、二级制茶师,2021年度新昌县"优秀高素质农民(新农人)"。修长的身材,也是一副文文静静的外表,根本看不出她的实际年龄。但从她的眼神却可以领略出超过她年龄的成熟和刚毅。"尽管我还年轻,但我的人生经历很坎坷。自从我与茶相识相知到喜欢爱上茶,改变了我的人生!"周亚枢一开口就说出了这番话。我很吃惊,是茶改变了她的人生?禁不住问亚枢,你这么年轻,何谈人生坎坷二字?

亚枢告诉我们,她出生在新昌的大山岙,是属于贫困山区,父母都是老实巴交的农民,从小家境并不好,高中毕业就外出打工,干过毛纺厂的工人、酒店迎宾、餐饮部经理以及厂办的行政接待等工作。也许是从小贫困的生活让她十分珍惜干过的每一份工作。在打工的几年中,周亚枢没有任何背景和人脉,也没有一技之长,全靠她认真刻苦做好每一份工作,不管哪个岗位都能得到领导和同事的认可和肯定;也许是25岁就经历家庭的变故让她早早就悟出人生的艰难。"在我接触茶艺之前,我的脸上很少有笑容。"周亚枢深沉地说,"2017年由于我转岗到一家企业的厂办工作，经常要接待领导和嘉宾，而泡茶也是接待中的一项重要工作，我为了做好这份工作，2018年6月报名参加了吴玉梅开设的茶艺培训班。"

干任何事都非常认真努力的周亚枢，学茶艺她也是刻苦努力毫不含糊。每一个动作她要比别人多学上很多次，每一条茶知识她也比别人要多记上很多遍。一个月的培训班结束，她就参加了绍兴市技能大赛茶艺师竞赛，是赛场上学茶艺时间最短的一个参赛者，获得了全市第七名的不错成绩，仅差一名就可拿到三等奖，但其中的付出要比别人多出多少倍！

周亚枢说，这次竞赛尽管没拿到奖项，但却激励了我学好茶艺这门技能的动力和兴趣。首次参赛之后，周亚枢更努力更用心更刻苦，一门心思地全身心投入到了学习茶艺技能中。

功夫不负有心人，之后周亚枢参赛连连获奖：2019年9月荣获绍兴市职业技能大赛茶艺师竞赛二等奖；同年10月荣获浙江省职工茶艺师技能竞赛二等奖，被授予"浙江省金蓝领"称号；2020年11月荣获绍兴

"茶"与"艺"的融合 让茶叶艺术升华——记梅苑工作室的两位茶艺师

市职业技能大赛评茶员竞赛一等奖,被授予"绍兴市技术能手"称号;2021年8月荣获绍兴市职业技能大赛茶艺师职业技能竞赛一等奖,被授予"绍兴市技术能手"称号;2021年11月被评为2021年度新昌县"优秀高素质农民(薪农人)"。

经过几年不断的提升和历练,周亚枢于2023年12月在新昌县儒岙镇天姥山脉上八坞自然村108号成立了新昌茶意盎然茶业有限公司,占地面积1 300平方米。目前已拥有茶园面积470亩,龙井茶生产流水线单机、二连机,三连机各一条,红茶加工线一条;致力于打造新昌新茶饮优质原料生产基地,助力周边茶农提升茶园管理,提高加工工艺与茶叶品质的同时提升周边茶农的鲜叶采摘标准,增加当地村民年收入,带动村民共同致富,努力成为茶农致富的带领人。

可喜可贺的是在2024新昌大佛龙井精品茶斗茶大赛中,在公司全体员工的齐心协力下,新昌茶意盎然茶业有限公司一举夺魁,荣获"状元茶";周亚枢在2024第十九届中国新昌大佛龙井茶王赛中荣获一等奖。周亚枢激动地说,今后她将更加努力用自己所学,做好传播茶文化、推广茶产业,做好茶产业链的搬运工。

创新表演　让茶艺升华

也许是她们俩注定的缘分,她们俩虽然相差一轮,但却是同月同日的生日。是茶让她们相遇,是茶让她们结缘,也是茶让她们心心相印,深感相见恨晚,结下了不是亲姐妹却胜似亲姐妹的深情。也是这份情缘,周亚枢毅然辞掉了原单位再三挽留她的工作,走进梅苑工作室,立志要与吴玉梅一起,把梅苑工作室办得更好!

"一名优秀的茶艺师,更是一位生活美学家。"聊起茶艺的内涵,她们异口同声会说出这句话。

传统上的茶艺,是茶人把人们日常饮茶的习惯,根据茶道规则,通过艺术加工,向饮茶人和宾客展现茶的冲、泡、饮的技巧,把日常的饮茶引向艺术化,提升了品饮的境界,赋予茶以更强的灵性和美感。但她们对茶艺有更深刻的理解,她们认为,茶艺多姿多彩,充满生活情趣,对于丰富我们的生活,提高生活品位,是一种积极的方式。另外,茶艺也是一种舞台艺术,在展现茶的魅力的同时,还可以借助于人物、故事、道具、舞美、音乐、字画、花草等的密切配合及合理编排,给饮茶人以

"茶"与"艺"的融合　让茶叶艺术升华——记梅苑工作室的两位茶艺师

高尚、美好的享受,给表演带来活力。

2021年5月,在杭州举办的第四届中国国际茶叶博览会上,她们根据对茶艺的深刻理解和掌握的茶艺技能,把茶与人物故事、茶与戏曲、茶与舞台融合得天衣无缝,她们自编自导自演创作了一套全新的茶艺表演模式:吴玉梅以她柔美委婉的音质唱着家乡越剧缓缓出场,周亚枢扮演老生,款款迈步入场,引出了一段他们因茶相遇的人物故事,在舞台上讲述他们人生如茶的坎坷经历,表达他们与茶结缘的人生价值。她们的表演惊艳了全场的观众,挑战了传统的茶艺技能,创新了茶艺的表现模式,展现了现代茶艺的内在魅力,也震撼了茶界的茶艺师和茶专家。

让艺术全面融入茶叶,让茶叶更广泛地走进艺术,两者互为借助,互为托体,互为舞台,让传统的艺术形式和新的艺术手段紧密结合,把茶叶艺术推向一个新的时代高峰,这是我们创办梅苑工作室的初衷,吴玉梅和周亚枢深情地告诉我们。她们还说,茶艺更是一种人生艺术。人生如茶,在紧张繁忙之中,泡出一壶好茶,细细品味。通过品茶进入内心的修炼过程,感悟苦辣酸甜的人生,从而使心灵得到净化。这也是我们创办梅苑工作室后的体会。

梅苑工作室创办至今，承担了新昌县"茶艺师培训""评茶员培训""农村实用人才培训""茶全产业链茶人培育"等培训班；与新昌天韵茶文化培训学校、嵊州创远职业技能学校、上虞人杰职业技能培训学校、嘉兴尚进职业技能培训学校合作办学，开展各类茶艺、评茶、加工等茶专业课程。已累计培训茶艺、评茶学员共 12 000 多名。辅导学员参加市级、省级以及全国的专业茶艺师、评茶员比赛，并取得了骄人的成绩。全国比赛一等奖 1 人、二等奖 2 人、优胜奖 1 人；省级比赛二等奖 3 人、优胜奖 2 人；市级比赛一等奖 5 人、二等奖 6 人、三等奖 5 人。培养了浙江青年工匠 3 名、浙江省技术能手 2 名、浙江金蓝领 1 名、绍兴市技术能手 6 名。

她们还多次代表新昌大佛龙井、浙江龙井活跃在全国各地茶事活动的舞台上。她们在挖掘、传播、创新茶文化的道路上迈出了踏踏实实的步伐。是茶让她们感悟到了生活更有意义，人生更有价值！这也是她们俩共同的心声！

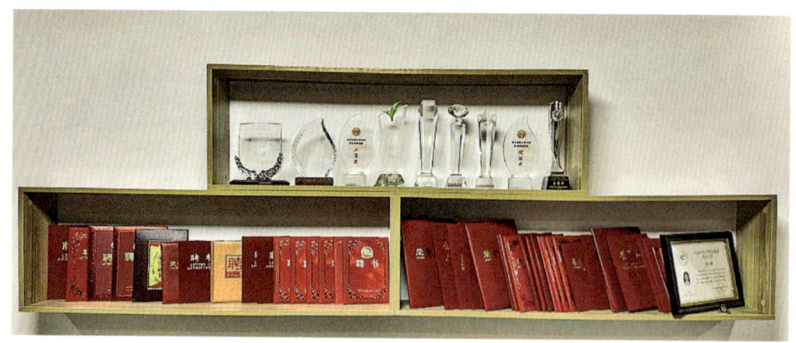

（陈　霞）

活跃在校园的茶文化传播者
——记新昌县鼓山小学校长杨晓玲

"将茶文化根植于校园，让孩子们知茶、懂茶、感悟生活之美！"这是刚到新昌县鼓山小学任校长的杨晓玲说起茶文化进校园的意义。

七月盛夏，正值学校放暑假，我们采访了杨晓玲。甫一相见，我们便被她那超凡脱俗、宛若幽兰般的气质深深吸引。随后，她告知我们：她刚接到调任，即将离开南明小学，前往鼓山小学担任校长一职。谈及在南岩小学及南明小学担任校长期间，她是如何致力于茶文化的传承与弘扬的，她的脸上洋溢着温暖的笑容，眼中闪烁着深情的光芒，娓娓道来那些动人的故事。

她说，在当今这个日新月异的时代，全面实施素质教育是我国基础教育改革和发展的方向，也是当今中小学教育改革的主旋律。校园文化，作为滋养学生心灵的沃土，正是实施素质教育不可或缺的有效途径。它如同一座灯塔，引领着学生们树立正确的道德价值观念，传承优秀的思想精髓。谈及茶文化的融入，她的话语中更是充满了激情与期待。她认为，茶文化是融合了儒释道三家核心思想的瑰宝，不仅承载着悠久的历史文化底蕴，更蕴含着丰富的人文教育价值。它如同一座桥梁，连接着过去与未来，让学生们在品味茶香的同时，也能深刻领悟到中华文化的独特魅力与深邃内涵。

传播茶文化，有效提升学生素质

杨晓玲告诉我们，她于 2009 年 7 月从育英小学调到南岩小学任首任校长。作为新昌县高新技术园区的一所新学校，如何依托本县地域优势开创办学特色，是她一直在思考的问题。学校毗邻的"中国茶市"四个大字突然启发了她，校园文化的核心是人生价值观、思想观念、行为准则，而茶文化的灵魂是"和、静、真、清"，正是和校园文化一脉相承的。于是，她联系了当时的中国茶市负责人陈霞（笔者），谈起自己的想法，也许是她们有缘，陈霞刚好兼任着新昌县茶文化研究会秘书长之职，二人一拍即合。杨校长也从那时开始接触茶知识、茶文化。

首先，她自培茶艺师，带头并组织对茶叶有兴趣的老师报名参加了茶艺师考证培训；其次，开设茶叶种植基地，利用校园空地划分区块种上了各种茶叶；再次，创建茶艺室，组建了茶艺兴趣班，并结合学生的特点将茶艺进行了内涵的丰富和手法的提升，让学生对茶的兴趣由浅入深，从而让学生在泡茶的过程中体验茶礼——美之初见，从茶文化中领

活跃在校园的茶文化传播者——记新昌县鼓山小学校长杨晓玲

悟到一种简约、含蓄、宽容、自律的处世哲学。

茶艺兴趣班的开办,得到了学生家长的大力支持,都积极鼓励自己的孩子报名参加。杨校长也接连不断地积极参与县里组织的一些茶文化活动,比如,每年的"大佛龙井茶文化节、全民饮茶日、绍兴市敬老茶会"等活动,都有南岩小学茶艺队的精彩表演。杨校长说,让学生们在这些大型活动中展示茶艺,让学生从小在品茗过程中,放飞自己的心灵,以培养他们谦和、文雅、真诚、清纯的内涵气质。

在她的描绘中,我们仿佛看到了一幅幅生动的画面:学生们在课余时间围坐一起,品茗论道,谈笑风生;在茶艺课堂上,他们认真学习泡茶技巧,领悟茶道精神;在茶文化活动中,他们热情高涨,传承创新。

2016年6月全国供销合作总社杭州茶叶研究院杨秀芳(院长)率深圳南山区茶文化研究会叶会长一行到新昌南岩小学交流普及少儿茶文化

"茶文化进校园,对学生素质教育及和谐校园构建有着重要的意义。"杨校长的话语中透露出坚定与热情,这正是她长期以来在校园文化建设中不遗余力推广茶文化的初衷所在。她深知,茶文化的融入,不仅能够丰富校园文化内涵，更能在潜移默化中对学生产生深远的影响。

谈及茶文化的魅力，杨校长深有感触。她说，品味茶香、浅茶慢饮，不仅仅在于那一杯杯清香四溢的茶汤，更在于它所蕴含的生活哲学与审美情趣。通过音乐、诗画、表演等多种艺术形式的展现，茶文化得以全方位地触及学生的思想、感情、生活情趣、道德观念与价值体系，从而产生深远的精神鼓舞与愉悦体验。为此，茶艺之香在校园的广泛传播，不仅能够提升学生的艺术修养与审美情趣，更能够在无形中高雅其气质、规范其言行。在茶艺的熏陶下，学生们学会了静心、专注与尊重，这些品质将伴随他们一生，成为他们成长道路上宝贵的财富。

传播茶文化，有效丰富学生人生价值观

"以茶导和，和而不同，美美与共"。这是杨校长在校园传播茶文化一直倡导的主题。她说，现代社会条件下，校园文化逐渐开放，在社会层面纷繁复杂的影响下，社会味过浓的一些潮流也慢慢走入了校园，开始浸染学生。因此，校园文化需要一支高品、清雅的支流溶入，而茶文化为学生提供了行为及价值趋向更高层面选择，把校园文化从一种单纯娱乐功能导向了集娱乐、修身、文化艺术熏陶等为一体的多方位素养养成训练，是一种全方位能力培养，对于学生的成长与发展具有不可估量的价值。

2016年7月，杨晓玲调到新昌县南明小学担任校长。在繁重的教育质量提升与学校管理任务之外，她依然以无限的热情与创造力，将茶文化传播的种子带到了南明小学，并在这片沃土上迅速生根发芽。

为了让学生们能够更深入地了解茶文化，感受其独特的魅力，杨校长独具匠心地创办了茶艺师的培养和茶文化课程教育基地——思源茶馆。

活跃在校园的茶文化传播者——记新昌县鼓山小学校长杨晓玲

这个名字寓意深远,既表达了对茶文化源远流长的追溯与敬仰,也寄托了对学生们饮水思源、不忘初心的期望与教诲。

南明小学茶文化培训基地——思源茶馆

同时,她又聘请县茶叶站的专家孙利育、国家级茶艺师蔡瑜等到学校给学生们普及茶文化知识和茶艺培训,组织开展学生们喜闻乐见的多种形式活动,让学生产生兴趣,让相近趣味、爱好个性在整个校园文化传统氛围中被渲染开来,从而拓宽学生的眼界,形成一种精神凝聚,让学生的人格、人品、情操得到一定的陶冶,有效丰富学生的人生价值观。

一壶茗茶道禅味,一首茶诗咏天姥。2018年4月7日,杨校长带领南明小学20余位师生参加新昌县第二届缘起茶会活动。南明小学的孩子们整齐着装,吟茶诗、舞茶舞,尽显优雅、大气,赢得游客阵阵掌声。

2019年4月,中国茶叶大会暨第十三届新昌大佛龙井茶文化节,南明小学的茶艺队在"至纯至美茶艺交流暨天姥茶情雅集活动"中展示《饮茶歌诮崔石使君》诗歌朗诵,清脆朗朗的童声,引起了在场嘉宾的阵阵掌声。

活跃在校园的茶文化传播者——记新昌县鼓山小学校长杨晓玲

"跟着我们一起学习茶事礼仪,让孩子为您奉上一杯茶。"在2019年夏季暑假期间,"亲子茶会"在南明小学举行。

2020年,南明小学选送的视频《茶韵清心茗香南苑》在"茶和世界共品共享"全球视频大赛中荣获优秀奖。

2021年5月18日,"国际茶日"庆祝活动暨南明小学首届小学生斗茶比赛颁奖典礼在南明小学隆重举行。

颁奖典礼前一日,南明小学茶室内,来自三四年级的斗茶爱好者们齐聚共斗,在孙利育专家的指导下,经过现场学知茶、认茶样、品茶汤、辨茶叶等内容的激烈角逐,最终产生"十佳斗茶小能手"和"十佳斗茶小新星"。颁奖典礼上,南明小学学子以精湛的茶艺、深情的朗诵、优美的歌声、悠扬的笛奏进行了茶艺表演和文艺演出,来表达他们对这一片叶子的赞颂与热爱。在袅袅茶香中,感受中华五千年的文化精髓与历史传承,感受中国礼仪的源远流长!

杨校长在校园内举办的一系列有声有色、丰富多彩的茶文化活动,得到了学生家长的高度认可。家长们深有感触地说,茶味之美,不仅在于其本身的香气与口感,更在于它所能带给孩子们人生的启迪与感悟。

新昌茶人

这种体验在潜移默化中影响了他们的言行举止、性情修养以及人生价值观,让他们学会了以平和的心态去面对生活中的挫折与困难,同时也更加珍惜那些来之不易的幸福与美好,这对于他们未来的成长与发展无疑具有深远的影响。

传播茶文化,不但要表率更要有情怀

杨晓玲校长对于将茶文化的灵魂融入校园文化,赋予了极高的热情与期待。她深知,要实现这一目标,不仅需要学生的积极参与,更离不开老师的引导与示范。因此,她通过提升老师的茶文化素养,进而带动学生对茶文化的兴趣与热爱。

无论是在南岩小学还是南明小学,杨校长均亲自上阵,挤出宝贵的时间为老师们进行茶文化知识培训。她不仅讲解茶文化的历史渊源、发展脉络与核心思想,还亲自示范泡茶、品茶的技巧与礼仪,让老师们在亲身体验中感受茶文化的魅力与韵味。通过这一系列的培训活动,老师们逐渐从学茶、懂茶到爱茶,对茶文化有了更加深入的了解与感悟。

一壶茶,浓缩岁月多少眷恋。几摞书,寄托着多少期盼!2018年的"女神节",正值茶韵飘香之季,杨晓玲举办了"以茶雅人,做幸福女神"品茶活动,南明小学的女教师们学习茶艺一起庆祝"女神节"。

活跃在校园的茶文化传播者——记新昌县鼓山小学校长杨晓玲

活动中,老师们在茶艺老师的指导下,感受泡茶、品茶的过程,她们看着茶叶在杯中翻滚、沉浮,慢慢沉淀。尔后,端茶入口,一种浅淡的苦涩漫过了喉头胸口,回甘倏然而至。她们都深深感悟:茶为灵魂之饮,其言确然,从茶中品味人生,正如人生,经历了人情冷暖,漂泊沉浮。

在老师们的带领下,学生们开始接触并了解茶文化。老师们通过生动有趣的课堂讲解、丰富多彩的实践活动以及潜移默化的日常影响,将茶文化的精髓一点一滴地渗透到学生的心田。

我们问她,你为什么对茶文化如此挚爱,对茶文化的传播也如此的执着?她粲然一笑,意味深长地说:小学是人生获得知识的最佳时期,也是打基础的关键时期,这一阶段的学习品质、行为习惯的好坏,对孩子今后的成长有着不可估量的影响。在校园推广茶文化意义深远,在学茶、懂茶、品茶的活动中,学生人文修养与自我修养都会达到一定高度,相较之其他教育方式而言,更为有效,更为形象,也更为深刻。

采访结束那天,杨校长即将赴鼓山小学任校长,她表示,她将一如既往地将茶文化在校园传播。

"要当好一名校长,首先应有效地管理好自己,从而达到管理好学校。"这是杨晓玲担任几任校长的切身体会。她从严要求自己,做到学习知识不落伍,管理学校不松懈,文化建设有情怀,自身素质严律己。尤其值得我们赞扬的,在校园传播茶文化方面,杨晓玲几任校长期间不断创新活动内容和形式,让学生通过诗歌朗诵、音乐伴舞、茶艺体验等丰富多彩的活动形式感受体验中华茶文化的精髓。

她说,在茶文化的传播过程中,她自身的素质和修养也得到了提升和丰富。近几年,她利用假期空闲时间,参加浙江省、市专业机构举办的各种茶知识、茶艺培训班，考取了茶艺师职业资格证书。她还说，泡茶，"拿起、放下"两个动作，可体验人生的意义。人生要有沉淀在杯底的淡定从容，也要有浮在水面的春风得意。在拿起和放下之间，给自己一条通往淡定的路，用心倾注一杯属于自己的安定之茶。

杨校长的成功并非偶然，她的执着、情怀与灵慧是她能够引领学校不断前行的关键所在。人们常言："一个好校长成就一所好学校。"校长作为学校的灵魂人物，其教育理念、管理风格以及个人魅力都深深地影响着学校的办学方向、文化氛围以及学生的成长与发展。杨晓玲正是这样一位令人钦佩的校长，她无论在哪个学校任职，都能够以学生的全面发展为己任，以茶文化为纽带，构建出独具特色的校园文化，赢得了众多家长与社会的认可与赞誉。

随着越来越多的人开始重视茶文化在校园文化建设中的作用，我们有理由相信，未来茶文化将成为更多学校校园文化的重要组成部分，为学校的特色教育发展注入新的活力与动力。而像杨晓玲校长这样具有远见卓识与执着情怀的校长们，也将在这一过程中发挥更加重要的作用，引领着学校不断向前健康发展，为培养更多德智体美劳全面发展的优秀人才贡献自己的力量。

（陈　霞）

后记

新昌县地处四明、天台、会稽三山交汇之处，山高雾浓，气候温和，雨量充沛，土地肥沃，丘陵山区多玄武岩台地及略带酸性的红黄土壤，适宜种茶，自古即为产茶区。1994年，依托于县内远近闻名的大佛寺，"大佛龙井"品牌应运而生。

大佛龙井有三十年的发展历史，在新昌县委、县政府的高度重视，新昌县农业农村局的精心指导、名茶协会与茶企、茶农的不懈努力下，大佛龙井跻身中国茶叶区域公用品牌价值评估前十。2010—2024年，大佛龙井的品牌价值从2010年的20.38亿元上升到了2024年的55.53亿元，增加了 35.15 亿元，涨幅高达 172.47%。大佛龙井取得了了不起的成绩。

优异的自然环境、悠久的种茶历史，造就了新昌茶叶的优良品质；丘陵地带多样化的气候与地貌，又使新昌境内不同产地茶叶各具风味，风格独特。同样，在新昌茶产业的发展过程中也造就了一批出色的新昌茶人。

本书由 28 篇新昌茶人的故事组成，他们均为新昌茶产业的发展作出了重要贡献。他们故事里所蕴含的脚踏实地、勤于钻研、大胆实践、勇于创新的新时代茶人精神，更是影响和带动了越来越多的行业从业者从中汲取营养、收获成长。

希望在新昌茶产业发展的历史篇章里能够涌现出越来越多优秀的茶人故事，也希望有越来越多的茶人能为家乡茶产业的发展贡献出自己的一份力量，共同谱写新昌"三茶统筹"的新篇章，共同创造新昌茶产业新的辉煌！

中共新昌县委常委、新昌县人民政府副县长

2024 年 6 月 6 日